INDISCHES KOCHBUCH 2022

AUTHENTISCHE INDISCHE REZEPTE FÜR ANFÄNGER

LENA SCHUMACHER

Inhaltsverzeichnis

Würzige Bananenkrapfen 18
    Zutaten 18
    Methode 18
Masala Dosa 19
    Zutaten 19
    Methode 19
Soja-Kebab 21
    Zutaten 21
    Methode 22
Grieß Idli 23
    Zutaten 23
    Methode 24
Ei-Kartoffel-Kotelett 25
    Zutaten 25
    Methode 25
Chivda 26
    Zutaten 26
    Methode 27
Brot Bhajjia 28
    Zutaten 28
    Methode 28
Ei Masala 29
    Zutaten 29

Methode 30
Garnelen-Pakoda 31
    Zutaten 31
    Methode 31
Käse-Crunchies 32
    Zutaten 32
    Methode 33
Mysore Bonda 34
    Zutaten 34
    Methode 34
Radhaballabhi 35
    Zutaten 35
    Methode 35
Medu Vada 37
    Zutaten 37
    Methode 37
Tomatenomelett 38
    Zutaten 38
    Methode 38
Ei Bhurji 40
    Zutaten 40
    Methode 41
Eierkotelett 42
    Zutaten 42
    Methode 43
Jhal Mudi 44
    Zutaten 44

Methode	44
Tofu-Tikka	45
Zutaten	45
Für die Marinade:	45
Methode	45
Aloo Kabli	47
Zutaten	47
Methode	47
Masala Omelett	48
Zutaten	48
Methode	49
Masala Erdnüsse	50
Zutaten	50
Methode	50
Kothmir Wadi	51
Zutaten	51
Methode	52
Reis- und Maisbrötchen	53
Zutaten	53
Methode	53
Dahi Schnitzel	54
Zutaten	54
Methode	54
Uthappam	56
Zutaten	56
Methode	56
Koraishutir Kochuri	57

Zutaten	57
Methode	57
Kanda Vada	59
Zutaten	59
Methode	59
Aloo Tuk	60
Zutaten	60
Methode	60
Kokosschnitzel	62
Zutaten	62
Methode	62
Mung Spross Dhokla	64
Zutaten	64
Methode	64
Paneer Pakoda	65
Zutaten	65
Methode	66
Indischer Hackbraten	67
Zutaten	67
Methode	68
Paneer Tikka	69
Zutaten	69
Für die Marinade:	69
Methode	70
Paneer Schnitzel	71
Zutaten	71
Methode	72

Dhal ke Kebab 73
    Zutaten 73
    Methode 73
Herzhafte Reisbällchen 74
    Zutaten 74
    Methode 74
Nahrhafte Roti-Rolle 75
    Zutaten 75
    Für die Roti: 75
    Methode 76
Hühnchen-Minz-Kebab 77
    Zutaten 77
    Methode 78
Masala Chips 79
    Zutaten 79
    Methode 79
Gemischte Gemüse-Samosa 80
    Zutaten 80
    Für das Gebäck: 80
    Methode 81
Hackbrötchen 82
    Zutaten 82
    Methode 82
Golli Kebab 83
    Zutaten 83
    Methode 84
Mathis 85

Zutaten	85
Methode	85
Poha Pakoda	86
Zutaten	86
Methode	87
Hariyali Murgh Tikka	88
Zutaten	88
Für die Marinade:	88
Methode	89
Boti Kebab	90
Zutaten	90
Methode	91
Chaat	92
Zutaten	92
Methode	93
Kokosnuss Dosa	94
Zutaten	94
Methode	94
Trockenobst-Pastetchen	95
Zutaten	95
Methode	95
Gekochter Reis Dosa	96
Zutaten	96
Methode	97
Unreife Bananen-Pastetchen	98
Zutaten	98
Methode	99

Sooji Vada 100
  Zutaten 100
  Methode 100
Süße und saure herzhafte Häppchen 101
  Zutaten 101
  Für die Mutias: 101
  Methode 102
Garnelen-Pastetchen 103
  Zutaten 103
  Methode 104
Reshmi Kebab 105
  Zutaten 105
  Methode 105
Gebrochener Weizengenuss 106
  Zutaten 106
  Methode 107
Methi Dhokla 108
  Zutaten 108
  Methode 108
Erbsenpastetchen 109
  Zutaten 109
  Methode 110
Nimki 111
  Zutaten 111
  Methode 111
Dahi Pakoda Chaat 112
  Zutaten 112

Methode 112
Kutidhal Dhokla 114
    Zutaten 114
    Methode 114
Ghugni 115
    Zutaten 115
    Methode 116
Pfeffriger Mung Dhal 117
    Zutaten 117
    Methode 117
Dhal Buchara 118
    Zutaten 118
    Methode 119
Methi Dhal 120
    Zutaten 120
    Für die Würze: 121
    Methode 121
Malai Koftas 122
    Zutaten 122
    Für die Köfte: 123
    Methode 123
Aloo Palak 125
    Zutaten 125
    Methode 126
Dum ka Karela 127
    Zutaten 127
    Für die Füllung: 127

Für die Würze: 128
    Methode 128
Navratna-Curry 130
    Zutaten 130
    Für die Gewürzmischung: 131
    Methode 131
Gemischte Gemüse-Kofta in Tomaten-Curry 133
    Zutaten 133
    Für das Curry: 133
    Methode 134
Muthias in weißer Soße 135
    Zutaten 135
    Für die Mutias: 136
    Methode 136
Braunes Curry 138
    Zutaten 138
    Methode 139
Diamant-Curry 140
    Zutaten 140
    Für die Diamanten: 140
    Methode 141
Gemüseeintopf 143
    Zutaten 143
    Methode 144
Pilz-Erbsen-Curry 145
    Zutaten 145
    Methode 146

Navratan Korma ... 147
- Zutaten ... 147
- Methode ... 148

Sindhi Sai Bhaji* ... 150
- Zutaten ... 150
- Methode ... 151

Nawabi Rote Beeteet ... 152
- Zutaten ... 152
- Methode ... 153

Baghara Baingan ... 154
- Zutaten ... 154
- Methode ... 155

Gedämpfte Karotte Köfta ... 156
- Zutaten ... 156
- Für die Kofta: ... 156
- Für die Paste: ... 157
- Methode ... 158

Dhingri Shabnam ... 159
- Zutaten ... 159
- Für die Füllung: ... 159
- Für die Soße: ... 159
- Methode ... 160

Pilz Xacutti ... 162
- Zutaten ... 162
- Methode ... 163

Paneer & Mais-Curry ... 164
- Zutaten ... 164

Methode	165
Basant Bahar	166
Zutaten	166
Für die Soße:	167
Methode	167
Palak Köfta	169
Zutaten	169
Für die Kofta:	169
Für die Soße:	169
Methode	170
Kohl Kofta	172
Zutaten	172
Für die Kofta:	172
Für die Soße:	172
Methode	173
Koottu	174
Zutaten	174
Methode	175
Paneer Butter Masala	176
Zutaten	176
Für die Soße:	176
Methode	177
Mor Kolambu	179
Zutaten	179
Für die Gewürzmischung:	179
Methode	180
Aloo Gobhi aur Methi ka Tuk	181

Zutaten	181
Methode	182
Avial	183
Zutaten	183
Methode	184
Buttermilch-Curry	185
Zutaten	185
Methode	186
Blumenkohl-Creme-Curry	187
Zutaten	187
Methode	188
Erbsen	189
Zutaten	189
Methode	190
Aloo Posto	191
Zutaten	191
Methode	191
Grüne Kotze	192
Zutaten	192
Methode	193
Matar Paneer	194
Zutaten	194
Methode	195
Dahi Karela	196
Zutaten	196
Methode	197
Tomatencurry mit Gemüse	198

Zutaten 198
Methode 198
Doodhi mit Chana Dhal 199
Zutaten 199
Methode 200
Tomaten-Chi Bhaji* 201
Zutaten 201
Methode 201
Trockene Kartoffeln 203
Zutaten 203
Methode 203
Gefüllte Okra 204
Zutaten 204
Methode 205
Masala Okra 206
Zutaten 206
Methode 206
Simla Matar 207
Zutaten 207
Methode 208
Französische Bohnen 209
Zutaten 209
Methode 209
Masala Trommelstöcke 210
Zutaten 210
Methode 211
Trockene würzige Kartoffel 212

Zutaten 212

Methode 213

Khatte Palak 214

Zutaten 214

Methode 215

Gemischtes Drei-in-Eins-Gemüse 216

Zutaten 216

Methode 216

Kartoffel in Joghurtsauce 217

Zutaten 217

Für die Gewürzmischung: 217

Methode 217

Würzige Bananenkrapfen

Für 4

Zutaten

4 unreife Bananen

125 g Besan*

75 ml Wasser

½ TL Chilipulver

¼ TL Kurkuma

½ TL Amchoor*

Salz nach Geschmack

Raffiniertes Pflanzenöl zum Frittieren

Methode

- Die Bananen in ihrer Haut 7-8 Minuten dämpfen. Schälen und in Scheiben schneiden. Beiseite legen.

- Alle restlichen Zutaten bis auf das Öl zu einem dicken Teig verrühren. Beiseite legen.

- Öl in einer Pfanne erhitzen. Die Bananenscheiben in den Teig tauchen und bei mittlerer Hitze goldbraun frittieren.

- Heiß servieren mit Minz-Chutney

Masala Dosa

(Crêpe mit pikanter Kartoffelfüllung)

Macht 10-12

Zutaten

2 EL raffiniertes Pflanzenöl

½ EL Urad Dhal*

½ TL Kreuzkümmelsamen

½ TL Senfkörner

2 große Zwiebeln, fein geschnitten

¼ TL Kurkuma

Salz nach Geschmack

2 große Kartoffeln, gekocht und gehackt

1 EL Korianderblätter, gehackt

Frischer Sada Dosa

Methode

- Das Öl in einem Topf erhitzen. Urad Dhal, Kreuzkümmel und Senfkörner hinzufügen. Lassen Sie sie 15 Sekunden lang stottern. Fügen Sie die Zwiebeln hinzu und braten Sie sie glasig an.

- Kurkuma, Salz, Kartoffeln und Korianderblätter hinzufügen. Gut mischen und vom Herd nehmen.

- Einen EL dieser Kartoffelmischung in die Mitte jeder Sada Dosa geben.

- Zu einem Dreieck falten, um die Kartoffelmischung zu bedecken. Heiß servieren mit Kokos-Chutney

Soja-Kebab

Macht 2

Zutaten

500g/1lb 2oz Soja-Nuggets, über Nacht eingeweicht

1 Zwiebel, fein gehackt

3-4 Knoblauchzehen

2,5 cm Ingwerwurzel

1 TL Zitronensaft

2 TL Korianderblätter, gehackt

2 EL Mandeln, eingeweicht und gemahlen

½ TL Garam Masala

½ TL Chilipulver

1 TL Chaat-Masala*

Raffiniertes Pflanzenöl zum flachen Braten

Methode

- Die Soja-Nuggets abtropfen lassen. Alle restlichen Zutaten bis auf das Öl hinzufügen. Zu einer dicken Paste mahlen und 30 Minuten kühl stellen.

- Die Masse in walnussgroße Kugeln teilen und flach drücken.

- Öl in einer Pfanne erhitzen. Fügen Sie die Kebabs hinzu und braten Sie sie goldbraun. Heiß servieren mit Minz-Chutney

Grieß Idli

(Grießkuchen)

Macht 12

Zutaten

4 TL raffiniertes Pflanzenöl

150 g Grieß

120 ml Sauerrahm

¼ TL Senfkörner

¼ TL Kreuzkümmelsamen

5 grüne Chilis, gehackt

1cm Ingwerwurzel, zerkleinert

4 EL Korianderblätter, fein gehackt

Salz nach Geschmack

4-5 Curryblätter

Methode

- 1 TL Öl in einem Topf erhitzen. Den Grieß zugeben und 30 Sekunden braten. Fügen Sie die saure Sahne hinzu. Beiseite legen.

- Restliches Öl in einer Pfanne erhitzen. Senfkörner, Kreuzkümmel, grüne Chilis, Ingwer, Korianderblätter, Salz und Curryblätter hinzufügen. 2 Minuten braten.

- Fügen Sie dies der Grießmischung hinzu. 10 Minuten beiseite stellen.

- Die Grießmasse in gefettete Idli- oder Cupcake-Formen füllen. 15 Minuten dämpfen. Aus den Formen nehmen. Heiß servieren.

Ei-Kartoffel-Kotelett

Für 4

Zutaten

4 hartgekochte Eier, püriert

2 Kartoffeln, gekocht und püriert

½ TL gemahlener schwarzer Pfeffer

2 grüne Chilis, gehackt

1cm Ingwerwurzel, fein gehackt

2 Knoblauchzehen, fein gehackt

½ TL Zitronensaft

Salz nach Geschmack

Raffiniertes Pflanzenöl zum flachen Braten

Methode

- Alle Zutaten, außer dem Öl, miteinander vermischen.

- In walnussgroße Kugeln teilen und zu Koteletts pressen.

- Das Öl in einem Topf erhitzen. Die Schnitzel dazugeben und flach braten, bis sie goldbraun sind.

- Heiß servieren.

Chivda

(Geschlagene Reismischung)

Für 4

Zutaten

2 EL raffiniertes Pflanzenöl

1 TL Senfkörner

½ TL Kreuzkümmelsamen

½ TL Kurkuma

8 Curryblätter

750g/1lb 10oz Poha*

125g/4½oz Erdnüsse

75 g Chana-Dhal*, geröstet

1 EL Puderzucker

Salz nach Geschmack

Methode

- Das Öl in einem Topf erhitzen. Senfkörner, Kreuzkümmel, Kurkuma und Curryblätter dazugeben. Lassen Sie sie 15 Sekunden lang stottern.

- Alle restlichen Zutaten dazugeben und 4-5 Minuten bei schwacher Hitze braten.

- Vollständig abkühlen lassen. In einem luftdichten Behälter aufbewahren.

HINWEIS: *Dieser kann bis zu 15 Tage aufbewahrt werden.*

Brot Bhajjia

(Brotkrapfen)

Für 4

Zutaten

85 g Maismehl

1 Zwiebel, fein gehackt

½ TL Chilipulver

1 TL gemahlener Koriander

Salz nach Geschmack

75 ml Wasser

8 Scheiben Brot, geviertelt

Raffiniertes Pflanzenöl zum Frittieren

Methode

- Alle Zutaten außer Brot und Öl zu einem dicken Teig verrühren.

- Öl in einer Pfanne erhitzen. Die Brotstücke in den Teig tauchen und goldbraun braten.

- Heiß mit Ketchup oder Minz-Chutney servieren.

Ei Masala

Für 4

Zutaten

2 kleine Zwiebeln, gehackt

2 grüne Chilis, gehackt

2 EL raffiniertes Pflanzenöl

1 TL Ingwerpaste

1 TL Knoblauchpaste

1 TL Chilipulver

½ TL Kurkuma

1 TL gemahlener Koriander

1 TL gemahlener Kreuzkümmel

½ TL Garam Masala

2 Tomaten, fein gehackt

2 EL Besan*

Salz nach Geschmack

25g Korianderblätter, fein gehackt

8 Eier, gekocht und halbiert

Methode

- Mahlen Sie die gehackten Zwiebeln und die grünen Chilis zu einer groben Paste.

- Das Öl in einem Topf erhitzen. Fügen Sie diese Paste zusammen mit der Ingwerpaste, Knoblauchpaste, Chilipulver, Kurkuma, gemahlenem Koriander, gemahlenem Kreuzkümmel und Garam Masala hinzu. Gut mischen und unter ständigem Rühren 3 Minuten braten.

- Tomaten dazugeben und 4 Minuten anbraten.

- Besan und Salz hinzufügen. Gut mischen und eine weitere Minute anbraten.

- Korianderblätter zugeben und weitere 2-3 Minuten bei mittlerer Hitze anbraten.

- Fügen Sie die Eier hinzu und mischen Sie vorsichtig. Die Masala sollte die Eier von allen Seiten gut bedecken. Bei schwacher Hitze 3-4 Minuten kochen.

- Heiß servieren.

Garnelen-Pakoda

(Gebratener Garnelen-Snack)

Für 4

Zutaten

250 g Garnelen, geschält und entadert

Salz nach Geschmack

375g Besan*

1 TL Ingwerpaste

1 TL Knoblauchpaste

½ TL Kurkuma

1 TL Garam Masala

150ml/5fl oz Wasser

Raffiniertes Pflanzenöl zum Frittieren

Methode

- Die Garnelen mit dem Salz 20 Minuten marinieren.
- Fügen Sie die restlichen Zutaten, außer dem Öl, hinzu.
- Fügen Sie so viel Wasser hinzu, dass ein dicker Teig entsteht.
- Das Öl in einem Topf erhitzen. Kleine Löffel des Teigs hinzufügen und bei mittlerer Hitze goldbraun braten. Auf saugfähigem Papier abtropfen lassen.
- Heiß mit Minz-Chutney servieren.

Käse-Crunchies

Für 6

Zutaten

2 EL weißes Mehl

240ml/8fl oz Milch

4 EL Butter

1 mittelgroße Zwiebel, fein gehackt

Salz nach Geschmack

150 g Ziegenkäse, abgetropft

150 g Cheddar-Käse, gerieben

12 Brotscheiben

2 Eier, verquirlt

Methode

- Mehl, Milch und 1 TL Butter in einem Topf mischen. Aufkochen, dabei darauf achten, dass keine Klumpen entstehen. Köcheln lassen, bis die Mischung eindickt. Beiseite legen.
- Restliche Butter in einem Topf erhitzen. Die Zwiebel bei mittlerer Hitze weich braten.
- Fügen Sie Salz, Ziegenkäse, Cheddar-Käse und die Mehlmischung hinzu. Gut mischen und beiseite stellen.
- Die Brotscheiben buttern. Einen Löffel der Käsemischung auf 6 Scheiben verteilen und mit den anderen 6 Scheiben bedecken.
- Bestreichen Sie die Oberseiten dieser Sandwiches mit dem verquirlten Ei.
- Im vorgeheizten Backofen bei 180°C (350°F/Gas Stufe 6) 10-15 Minuten goldbraun backen. Heiß mit Ketchup servieren.

Mysore Bonda

(Südindischer gebratener Mehlknödel)

Macht 12

Zutaten

175 g reines weißes Mehl

1 kleine Zwiebel, fein gehackt

1 EL Reismehl

120 ml Sauerrahm

Prise Bikarbonat Soda

2 EL Korianderblätter, gehackt

Salz nach Geschmack

Raffiniertes Pflanzenöl zum Frittieren

Methode

- Machen Sie den Teig, indem Sie alle Zutaten außer dem Öl miteinander vermischen. 3 Stunden beiseite stellen.
- Öl in einer Pfanne erhitzen. Löffelweise Teig hineingeben und bei mittlerer Hitze goldbraun frittieren. Heiß mit Ketchup servieren.

Radhaballabhi

(Bengalische herzhafte Brötchen)

Macht 12-15

Zutaten

4 EL Mung-Dhal*

4 EL Chana-Dhal*

4 Nelken

3 grüne Kardamomkapseln

½ TL Kreuzkümmelsamen

3 EL Ghee plus extra zum Frittieren

Salz nach Geschmack

350 g weißes Mehl

Methode

- Weichen Sie die Dhals über Nacht ein. Das Wasser abgießen und zu einer Paste zermahlen. Beiseite legen.
- Nelken, Kardamom und Kreuzkümmel zusammen mahlen.
- 1 EL Ghee in einer Pfanne erhitzen. Die gemahlenen Gewürze 30 Sekunden anbraten. Fügen Sie die Dhal-

Paste und das Salz hinzu. Bei mittlerer Hitze unter Rühren braten, bis sie trocken sind. Beiseite legen.

- Das Mehl mit 2 EL Ghee, Salz und genügend Wasser zu einem festen Teig verkneten. In zitronengroße Kugeln teilen. In Scheiben rollen und je eine Kugel des gebratenen Dhal in die Mitte legen. Versiegeln wie ein Beutel.
- Rollen Sie die Beutel zu dicken Puris mit einem Durchmesser von jeweils 10 cm. Beiseite legen.
- Das Ghee in einem Topf erhitzen. Puris goldbraun frittieren.
- Auf saugfähigem Papier abtropfen lassen und heiß servieren.

Medu Vada

(gebratene Linsenkuchen)

Für 4

Zutaten

300g/10oz Urad Dhal*, 6 Stunden eingeweicht

Salz nach Geschmack

¼ TL Asafoetida

8 Curryblätter

1 TL Kreuzkümmelsamen

1 TL gemahlener schwarzer Pfeffer

Raffiniertes Gemüse zum Frittieren

Methode

- Den Urad Dhal abtropfen lassen und zu einer dicken, trockenen Paste mahlen.
- Alle restlichen Zutaten bis auf das Öl dazugeben und gut vermischen.
- Befeuchte deine Handflächen. Aus dem Teig eine zitronengroße Kugel formen, flach drücken und in die Mitte ein Loch wie bei einem Donut stechen. Für den Rest des Teigs wiederholen.
- Öl in einer Pfanne erhitzen. Die Vadas goldbraun frittieren.
- Heiß mit Sambhar servieren.

Tomatenomelett

Macht 10

Zutaten

2 große Tomaten, fein gehackt

180 g Besan*

85g Vollkornmehl

2 EL Grieß

1 große Zwiebel, fein gehackt

½ TL Ingwerpaste

½ TL Knoblauchpaste

¼ TL Kurkuma

½ TL Chilipulver

1 TL gemahlener Koriander

½ TL Kreuzkümmel gemahlen, trocken geröstet

25g Korianderblätter, gehackt

Salz nach Geschmack

120ml/4fl oz Wasser

Raffiniertes Gemüse zum Einfetten

Methode

- Alle Zutaten bis auf das Öl zu einem dickflüssigen Teig verrühren.

- Eine flache Pfanne einfetten und erhitzen. Einen Löffel Teig darauf verteilen.
- Das Omelett mit etwas Öl beträufeln, mit einem Deckel abdecken und bei mittlerer Hitze 2 Minuten garen. Umdrehen und wiederholen. Für den restlichen Teig wiederholen.
- Heiß servieren mit Tomatenketchup oder Minz-Chutney

Ei Bhurji

(Würziges Rührei)

Für 4

Zutaten

4 EL raffiniertes Pflanzenöl

½ TL Kreuzkümmelsamen

2 große Zwiebeln, fein gehackt

8 Knoblauchzehen, fein gehackt

½ TL Kurkuma

3 grüne Chilis, fein gehackt

2 Tomaten, fein gehackt

Salz nach Geschmack

8 Eier, verquirlt

10 g Korianderblätter, gehackt

Methode

- Das Öl in einem Topf erhitzen. Kreuzkümmelsamen hinzufügen. Lassen Sie sie 15 Sekunden lang stottern. Fügen Sie die Zwiebeln hinzu und braten Sie sie bei mittlerer Hitze, bis sie glasig sind.
- Knoblauch, Kurkuma, grüne Chilis und Tomaten hinzufügen. 2 Minuten braten. Fügen Sie die Eier hinzu und kochen Sie unter ständigem Rühren, bis die Eier fertig sind.
- Mit den Korianderblättern garnieren und heiß servieren.

Eierkotelett

Macht 8

Zutaten

240 ml raffiniertes Pflanzenöl

1 große Zwiebel, fein gehackt

1 TL Ingwerpaste

1 TL Knoblauchpaste

Salz nach Geschmack

½ TL gemahlener schwarzer Pfeffer

2 große Kartoffeln, gekocht und püriert

8 hartgekochte Eier, halbiert

1 Ei, verquirlt

100 g Semmelbrösel

Methode

- Das Öl in einem Topf erhitzen. Fügen Sie die Zwiebel, Ingwerpaste, Knoblauchpaste, Salz und schwarzen Pfeffer hinzu. Bei mittlerer Hitze braun braten.
- Fügen Sie die Kartoffeln hinzu. 2 Minuten braten.
- Das Eigelb herauskratzen und zur Kartoffelmasse geben. Gut mischen.
- Füllen Sie die ausgehöhlten Eier mit der Kartoffel-Eigelb-Mischung.
- Diese in das verquirlte Ei tauchen und in den Semmelbröseln wälzen. Beiseite legen.
- Öl in einer Pfanne erhitzen. Die Eier goldgelb frittieren. Heiß servieren.

Jhal Mudi

(Würziger Puffreis)

Dient 5-6

Zutaten

300 g Kurmure*

1 Gurke, fein gehackt

125 g gekochtes Chana*

1 große Kartoffel, gekocht und fein gehackt

125 g geröstete Erdnüsse

1 große Zwiebel, fein gehackt

25g Korianderblätter, fein gehackt

4-5 EL Senföl

1 EL gemahlener Kreuzkümmel, trocken geröstet

2 EL Zitronensaft

Salz nach Geschmack

Methode

- Alle Zutaten miteinander vermischen, um sich gut zu vermischen. Sofort servieren.

Tofu-Tikka

Macht 15

Zutaten

300 g Tofu, in 5 cm große Stücke geschnitten

1 grüne Paprika, gewürfelt

1 Tomate, gewürfelt

1 große Zwiebel, gewürfelt

1 TL Chaat-Masala*

250 g griechischer Joghurt

½ TL Garam Masala

½ TL Kurkuma

1 TL Knoblauchpaste

1 TL Zitronensaft

Salz nach Geschmack

1 EL raffiniertes Pflanzenöl

Für die Marinade:

25g/wenige 1oz Korianderblätter, gemahlen

25g/wenige 1oz Minzblätter, gemahlen

Methode

- Die Marinadenzutaten miteinander vermischen. Den Tofu mit der Mischung 30 Minuten marinieren.
- Mit den Paprika-, Tomaten- und Zwiebelstücken 20 Minuten grillen, dabei gelegentlich wenden.
- Chaat Masala darüberstreuen. Heiß servieren mit Minz-Chutney

Aloo Kabli

(Scharfer Kartoffel-, Kichererbsen- und Tamarinden-Mix)

Für 4

Zutaten

3 große Kartoffeln, gekocht und fein gewürfelt

250g weiße Erbsen*, gekocht

1 große Zwiebel, fein gehackt

1 grüne Chili, fein gehackt

2 TL Tamarindenpaste

2 TL trocken geröstete Kreuzkümmelsamen, gemahlen

10 g Korianderblätter, gehackt

Salz nach Geschmack

Methode

- Alle Zutaten in einer Schüssel miteinander vermischen. Leicht zerdrücken.
- Gekühlt oder bei Zimmertemperatur servieren.

Masala Omelett

Macht 6

Zutaten

8 Eier, verquirlt

1 große Zwiebel, fein gehackt

1 Tomate, fein gehackt

4 grüne Chilis, fein gehackt

2-3 Knoblauchzehen, fein gehackt

2,5 cm Ingwerwurzel, fein gehackt

3 EL Korianderblätter, fein gehackt

1 TL Chaat-Masala*

½ TL Kurkuma

Salz nach Geschmack

6 EL raffiniertes Pflanzenöl

Methode

- Alle Zutaten bis auf das Öl vermischen und gut vermischen.
- Eine Pfanne erhitzen und 1 EL Öl darauf verteilen. Ein Sechstel der Eimasse darauf verteilen.
- Sobald es fest ist, das Omelett wenden und die andere Seite bei mittlerer Hitze garen.
- Für den Rest des Teigs wiederholen.
- Heiß servieren mit Ketchup oder Minz-Chutney

Masala Erdnüsse

Für 4

Zutaten

500 g geröstete Erdnüsse

1 große Zwiebel, fein gehackt

3 grüne Chilis, fein gehackt

25g Korianderblätter, fein gehackt

1 große Kartoffel, gekocht und gehackt

1 TL Chaat-Masala*

1 EL Zitronensaft

Salz nach Geschmack

Methode

- Alle Zutaten miteinander vermischen, um sich gut zu vermischen. Sofort servieren.

Kothmir Wadi

(Gebratene Korianderbällchen)

Macht 20-25

Zutaten

100 g Korianderblätter, fein gehackt

250g Besan*

45 g Reismehl

3 grüne Chilis, fein gehackt

½ TL Ingwerpaste

½ TL Knoblauchpaste

1 EL Sesamsamen

1 TL Kurkuma

1 TL gemahlener Koriander

1 TL Zucker

¼ TL Asafoetida

¼ TL Natriumbicarbonat

Salz nach Geschmack

150ml/5fl oz Wasser

Raffiniertes Pflanzenöl zum Einfetten plus extra zum flachen Braten

Methode

- In einer Schüssel alle Zutaten bis auf das Öl vermischen. Fügen Sie etwas Wasser hinzu, bis ein dicker Teig entsteht.
- Eine runde Kuchenform mit 20 cm Durchmesser mit Öl einfetten und den Teig hineingeben.
- 10-15 Minuten dämpfen. 10 Minuten zum Abkühlen beiseite stellen. Hacken Sie die gedünstete Mischung in quadratische Stücke.
- Öl in einer Pfanne erhitzen. Die Stücke von beiden Seiten flach braten, bis sie goldbraun sind. Heiß servieren.

Reis- und Maisbrötchen

Für 4

Zutaten

100 g gedämpfter Reis, püriert

200g gekochte Maiskörner

125 g Besan*

1 große Zwiebel, fein gehackt

1 TL Garam Masala

½ TL Chilipulver

10 g Korianderblätter, gehackt

Saft von 1 Zitrone

Salz nach Geschmack

Raffiniertes Pflanzenöl zum Frittieren

Methode

- Alle Zutaten, außer dem Öl, miteinander vermischen.
- Das Öl in einem Topf erhitzen. Kleine Löffel der Mischung in das Öl geben und von allen Seiten goldbraun braten.
- Auf saugfähigem Papier abtropfen lassen. Heiß servieren.

Dahi Schnitzel

(Joghurtkotelett)

Für 4

Zutaten

600 g griechischer Joghurt

Salz nach Geschmack

3 EL Korianderblätter, gehackt

6 grüne Chilis, fein gehackt

200 g Semmelbrösel

1 TL Garam Masala

2 TL Walnüsse, gehackt

2 EL weißes Mehl

½ TL Natriumbicarbonat

90ml/3fl oz Wasser

Raffiniertes Pflanzenöl zum Frittieren

Methode

- Joghurt mit Salz, Korianderblättern, Chili, Semmelbrösel und Garam Masala mischen. In zitronengroße Portionen teilen.

- Drücken Sie einige gehackte Walnüsse in die Mitte jeder Portion. Beiseite legen.
- Mehl, Natron und genug Wasser zu einem dünnen Teig vermischen. Die Schnitzel in den Teig tauchen und beiseite stellen.
- Das Öl in einem Topf erhitzen. Die Schnitzel goldbraun frittieren.
- Heiß servieren mit Minz-Chutney

Uthappam

(Reispfannkuchen)

Macht 12

Zutaten

500g/1lb 2oz Reis

150 g Urad Dhal*

2 TL Bockshornkleesamen

Salz nach Geschmack

12 EL raffiniertes Pflanzenöl

Methode

- Alle Zutaten, außer dem Öl, miteinander vermischen. 6-7 Stunden in Wasser einweichen. Abgießen und zu einer feinen Paste zermahlen. 8 Stunden zum Fermentieren beiseite stellen.
- Eine Pfanne erhitzen und 1 TL Öl darüber verteilen.
- Einen großen EL Teig einfüllen. Verbreiten wie ein Pfannkuchen.
- Bei schwacher Hitze 2-3 Minuten kochen. Umdrehen und wiederholen.
- Für den Rest des Teigs wiederholen. Heiß servieren.

Koraishutir Kochuri

(Brot gefüllt mit Erbsen)

Für 4

Zutaten

175 g reines weißes Mehl

¾ TL Salz

2 EL Ghee plus extra zum Frittieren

500g/1lb 2oz gefrorene Erbsen

2,5 cm Ingwerwurzel

4 kleine grüne Chilis

2 EL Fenchelsamen

¼ TL Asafoetida

Methode

- Das Mehl mit ¼ TL Salz und 2 EL Ghee verkneten. Beiseite legen.
- Erbsen, Ingwer, Chili und Fenchel zu einer feinen Paste mahlen. Beiseite legen.
- Einen TL Ghee in einem Topf erhitzen. Die Asafoetida 30 Sekunden braten.
- Erbsenpaste und ½ TL Salz hinzufügen. 5 Minuten braten. Beiseite legen.

- Den Teig in 8 Kugeln teilen. Flachdrücken und jeweils mit der Erbsenmischung füllen. Wie ein Beutel verschließen und wieder flach drücken. In runde Scheiben ausrollen.
- Das Ghee in einem Topf erhitzen. Die gefüllten Scheiben dazugeben und bei mittlerer Hitze goldbraun braten. Auf saugfähigem Papier abtropfen lassen und heiß servieren.

Kanda Vada

(Zwiebelschnitzel)

Für 4

Zutaten

4 große Zwiebeln, in Scheiben geschnitten

4 grüne Chilis, fein gehackt

10 g Korianderblätter, gehackt

¾ TL Knoblauchpaste

¾ TL Ingwerpaste

½ TL Kurkuma

Prise Bikarbonat Soda

Salz nach Geschmack

250g Besan*

Raffiniertes Pflanzenöl zum Frittieren

Methode

- Alle Zutaten vermischen, außer dem Öl. Kneten und 10 Minuten beiseite stellen.
- Das Öl in einem Topf erhitzen. Löffelweise der Mischung in das Öl geben und bei mittlerer Hitze goldbraun frittieren. Heiß servieren.

Aloo Tuk

(Scharfer Kartoffelsnack)

Für 4

Zutaten

8-10 Babykartoffeln, angekocht

Salz nach Geschmack

Raffiniertes Pflanzenöl zum Braten

2 EL Minz-Chutney

2 EL süßes Tomaten-Chutney

1 große Zwiebel, fein gehackt

2-3 grüne Chilis, fein gehackt

1 TL schwarzes Salz, gemahlen

1 TL Chaat-Masala*

Saft von 1 Zitrone

Methode

- Drücken Sie die Kartoffeln leicht, um sie leicht flach zu drücken. Mit dem Salz bestreuen.
- Das Öl in einem Topf erhitzen. Die Kartoffeln dazugeben und anbraten, bis sie von allen Seiten goldbraun sind.

- Übertragen Sie die Kartoffeln auf eine Servierplatte. Das Minz-Chutney und das süße Tomaten-Chutney darüberstreuen.
- Zwiebel, grüne Chilis, schwarzes Salz, Chaat Masala und Zitronensaft darüberstreuen. Sofort servieren.

Kokosschnitzel

Macht 10

Zutaten

200 g frische Kokosnuss, gerieben

2,5 cm Ingwerwurzel

4 grüne Chilis

2 große Zwiebeln, fein gehackt

50 g Korianderblätter

4-5 Curryblätter

Salz nach Geschmack

2 große Kartoffeln, gekocht und püriert

2 Eier, verquirlt

100 g Semmelbrösel

Raffiniertes Pflanzenöl zum Frittieren

Methode

- Kokosnuss, Ingwer, Chilis, Zwiebeln, Korianderblätter und Curryblätter zusammen mahlen. Beiseite legen.
- Die Kartoffeln salzen und gut vermischen.
- Machen Sie zitronengroße Kartoffelbällchen und drücken Sie sie auf Ihrer Handfläche flach.

- In die Mitte jedes Schnitzels etwas gemahlene Kokosnussmischung geben. Verschließen Sie sie wie einen Beutel und drücken Sie sie vorsichtig wieder flach.
- Jedes Schnitzel in das verquirlte Ei tauchen und in den Semmelbröseln wälzen.
- Das Öl in einem Topf erhitzen. Die Schnitzel goldbraun frittieren.
- Auf saugfähigem Papier abtropfen lassen und heiß mit Minz-Chutney servieren

Mung Spross Dhokla

(Gedämpfter Mungosprossen-Kuchen)

Macht 20

Zutaten

200 g gekeimte Mungobohnen

150 g Mung-Dhal*

2 EL Sauerrahm

Salz nach Geschmack

2 EL geriebene Karotten

Raffiniertes Pflanzenöl zum Einfetten

Methode

- Mungbohnen, Mung Dhal und Sauerrahm mischen. Zusammen zu einer glatten Paste zermahlen. 3-4 Stunden fermentieren. Fügen Sie das Salz hinzu und stellen Sie es beiseite.
- Eine runde Kuchenform (20 cm/8 Zoll) einfetten. Gießen Sie die Dhal-Mischung hinein. Die Karotten darüberstreuen und 7 Minuten dämpfen.
- In Stücke schneiden und heiß servieren.

Paneer Pakoda

(Frittierter Paneer)

Für 4

Zutaten

2½ TL Chilipulver

1¼ TL Amchoor*

250g/9oz Paneer*, in große Stücke schneiden

8 EL Besan*

Salz nach Geschmack

Prise Bikarbonat Soda

150ml/5fl oz Wasser

Raffiniertes Pflanzenöl zum Frittieren

Methode

- 1 EL Chilipulver und die Amchoor mischen. Die Paneer-Stücke 20 Minuten mit der Mischung marinieren.
- Mischen Sie das Besan mit dem restlichen Chilipulver, Salz, Natron und ausreichend Wasser, um den Teig zu machen.
- Das Öl in einem Topf erhitzen. Jedes Paneer-Stück in den Teig tauchen und bei mittlerer Hitze goldbraun frittieren.
- Heiß servieren mit Minz-Chutney

Indischer Hackbraten

Für 4

Zutaten

500 g Rinderhackfleisch

200 g Speckscheiben

½ TL Ingwerpaste

½ TL Knoblauchpaste

2 grüne Chilis, fein gehackt

½ TL gemahlener schwarzer Pfeffer

¼ TL Muskatnuss, gerieben

Saft von 1 Zitrone

Salz nach Geschmack

2 Eier, verquirlt

Methode

- In einem Topf alle Zutaten außer den Eiern vermischen.
- Bei starker Hitze kochen, bis die Mischung trocken ist. Zum Abkühlen beiseite stellen.
- Die verquirlten Eier dazugeben und gut vermischen. In eine Kuchenform von 20 x 10 cm/8 x 4 Zoll füllen.
- Die Mischung 15-20 Minuten dämpfen. 10 Minuten abkühlen lassen. In Scheiben schneiden und heiß servieren.

Paneer Tikka

(Paneer-Pastetchen)

Für 4

Zutaten

250g/9oz Paneer*, in 12 Stücke geschnitten

2 Tomaten, geviertelt und Fruchtfleisch entfernt

2 grüne Paprika, entkernt und geviertelt

2 mittelgroße Zwiebeln, geviertelt

3-4 Kohlblätter, zerkleinert

1 kleine Zwiebel, fein geschnitten

Für die Marinade:

1 TL Ingwerpaste

1 TL Knoblauchpaste

250 g griechischer Joghurt

2 EL Einzelrahm

Salz nach Geschmack

Methode

- Die Marinadenzutaten miteinander vermischen. Paneer, Tomaten, Paprika und Zwiebeln mit dieser Mischung 2-3 Stunden marinieren.
- Nacheinander aufspießen und auf dem Holzkohlegrill grillen, bis die Paneer-Stücke braun sind.
- Mit Kohl und Zwiebel garnieren. Heiß servieren.

Paneer Schnitzel

Macht 10

Zutaten

1 EL Ghee

2 große Zwiebeln, fein gehackt

2,5 cm Ingwerwurzel, gerieben

2 grüne Chilis, fein gehackt

4 Knoblauchzehen, fein gehackt

3 Kartoffeln, gekocht und püriert

300 g Ziegenkäse, abgetropft

1 EL weißes Mehl

3 EL Korianderblätter, gehackt

50 g Semmelbrösel

Salz nach Geschmack

Raffiniertes Pflanzenöl zum Braten

Methode

- Das Ghee in einem Topf erhitzen. Zwiebeln, Ingwer, Chili und Knoblauch dazugeben. Unter häufigem Rühren braten, bis die Zwiebel braun wird. Von der Hitze nehmen.
- Kartoffeln, Ziegenkäse, Mehl, Korianderblätter, Semmelbrösel und Salz hinzufügen. Mischen Sie gründlich und formen Sie die Mischung zu Schnitzeln.
- Das Öl in einem Topf erhitzen. Die Schnitzel kurz goldbraun braten. Heiß servieren.

Dhal ke Kebab

(Dhal Kebab)

Macht 12

Zutaten

600g/1lb 5oz Masoor Dhal*

1,2 Liter/2 Pints Wasser

Salz nach Geschmack

3 EL Korianderblätter, gehackt

3 EL Maisstärke

3 EL Semmelbrösel

1 TL Knoblauchpaste

Raffiniertes Pflanzenöl zum Frittieren

Methode

- Dhal mit Wasser und Salz in einem Topf bei mittlerer Hitze 30 Minuten kochen. Lassen Sie das überschüssige Wasser ab und zerdrücken Sie das gekochte Dhal mit einem Holzlöffel.
- Alle restlichen Zutaten bis auf das Öl hinzufügen. Gut mischen und die Masse zu 12 Patties formen.
- Das Öl in einem Topf erhitzen. Die Patties goldbraun frittieren. Auf saugfähigem Papier abtropfen lassen und heiß servieren.

Herzhafte Reisbällchen

Für 4

Zutaten

100 g gedämpfter Reis

125 g Besan*

125 g Joghurt

½ TL Chilipulver

¼ TL Kurkuma

1 TL Garam Masala

Salz nach Geschmack

Raffiniertes Pflanzenöl zum Frittieren

Methode

- Den Reis mit einem Holzlöffel zerdrücken. Alle restlichen Zutaten bis auf das Öl dazugeben und gründlich vermischen. Dies sollte einen Teig mit einer Cakemix-Konsistenz ergeben. Bei Bedarf Wasser hinzufügen.
- Öl in einer Pfanne erhitzen. Löffelweise Teig dazugeben und bei mittlerer Hitze goldbraun frittieren.
- Auf saugfähigem Papier abtropfen lassen und heiß servieren.

Nahrhafte Roti-Rolle

Für 4

Zutaten
Für die Füllung:

1 TL Kreuzkümmelsamen

1 TL Butter

1 gekochte Kartoffel, püriert

1 gekochtes Ei, fein gehackt

1 EL Korianderblätter, gehackt

½ TL Chilipulver

Prise gemahlener schwarzer Pfeffer

Prise Garam Masala

1 EL Frühlingszwiebeln, fein gehackt

Salz nach Geschmack

Für die Roti:

85g Vollkornmehl

1 TL raffiniertes Pflanzenöl

Prise Salz

Methode

- Alle Zutaten für die Füllung miteinander vermischen und gut zerdrücken. Beiseite legen.
- Alle Zutaten für das Roti vermischen. Zu einem geschmeidigen Teig kneten.
- Aus dem Teig walnussgroße Kugeln formen und jeweils zu Scheiben rollen.
- Verteilen Sie die pürierte Füllung dünn und gleichmäßig auf jeder Scheibe. Rollen Sie jede Scheibe zu einer festen Rolle.
- Die Brötchen in einer heißen Pfanne leicht anbraten. Heiß servieren.

Hühnchen-Minz-Kebab

Macht 20

Zutaten

500 g gehacktes Hühnchen

50 g Minzblätter, fein gehackt

4 grüne Chilis, fein gehackt

1 TL gemahlener Koriander

1 TL gemahlener Kreuzkümmel

Saft von 1 Zitrone

1 TL Ingwerpaste

1 TL Knoblauchpaste

1 Ei, verquirlt

1 EL Maisstärke

Salz nach Geschmack

Raffiniertes Pflanzenöl zum Braten

Methode

- Alle Zutaten, außer dem Öl, miteinander vermischen. Zu einem weichen Teig kneten.
- Den Teig in 20 Portionen teilen und jeweils flach drücken.
- Öl in einer Pfanne erhitzen. Die Kebabs bei mittlerer Hitze flach braten, bis sie goldbraun sind. Heiß servieren mit Minz-Chutney

Masala Chips

Für 4

Zutaten

200 g gesalzene Kartoffelchips

2 Zwiebeln, fein gehackt

10 g Korianderblätter, fein gehackt

2 TL Zitronensaft

1 TL Chaat-Masala*

Salz nach Geschmack

Methode

- Die Chips zerbröseln. Fügen Sie alle Zutaten hinzu und mischen Sie sie gründlich.
- Sofort servieren.

Gemischte Gemüse-Samosa

(Gemischtes Gemüsebohnenkraut)

Macht 10

Zutaten

2 EL raffiniertes Pflanzenöl plus extra zum Frittieren

1 große Zwiebel, fein gehackt

175 g Ingwerpaste

1 TL Kreuzkümmel gemahlen, trocken geröstet

Salz nach Geschmack

2 Kartoffeln, gekocht und fein gewürfelt

125 g gekochte Erbsen

Für das Gebäck:

175 g reines weißes Mehl

Prise Salz

2 EL raffiniertes Pflanzenöl

100ml/3½fl oz Wasser

Methode

- 2 EL Öl in einer Pfanne erhitzen. Fügen Sie die Zwiebel, den Ingwer und den gemahlenen Kreuzkümmel hinzu. 3-5 Minuten braten, dabei ständig rühren.
- Salz, Kartoffeln und Erbsen hinzufügen. Gründlich mischen und pürieren. Beiseite legen.
- Aus den Teigzutaten Teigkegel herstellen, wie im Kartoffel-Samosa-Rezept
- Jeden Kegel mit 1 EL Kartoffel-Erbsen-Mischung füllen und die Ränder versiegeln.
- Öl in einer Pfanne erhitzen und die Zapfen darin goldbraun braten.
- Abgießen und heiß mit Ketchup oder Minz-Chutney servieren

Hackbrötchen

Macht 12

Zutaten

500g/1lb 2oz Lammhackfleisch

2 grüne Chilis, fein gehackt

2,5 cm Ingwerwurzel, fein gehackt

2 Knoblauchzehen, fein gehackt

1 TL Garam Masala

1 große Zwiebel, fein gehackt

25g Korianderblätter, gehackt

1 Ei, verquirlt

Salz nach Geschmack

50 g Semmelbrösel

Raffiniertes Pflanzenöl zum flachen Braten

Methode

- Alle Zutaten bis auf die Semmelbrösel und das Öl miteinander vermischen. Teilen Sie die Mischung in 12 zylindrische Portionen. In den Semmelbröseln wälzen. Beiseite legen.
- Öl in einer Pfanne erhitzen. Die Brötchen bei schwacher Hitze von allen Seiten goldbraun braten.
- Heiß servieren mit grünem Kokos-Chutney

Golli Kebab

(Gemüse-Finger-Rollen)

Macht 12

Zutaten

1 große Karotte, fein gehackt

50 g französische Bohnen, gehackt

50 g Kohl, fein gehackt

1 kleine Zwiebel, gerieben

1 TL Knoblauchpaste

2 grüne Chilis

Salz nach Geschmack

½ TL Puderzucker

½ TL Amchoor*

50 g Semmelbrösel

125 g Besan*

Raffiniertes Pflanzenöl zum Braten

Methode

- Alle Zutaten, außer dem Öl, miteinander vermischen. Zu 12 Zylindern formen.
- Öl in einer Pfanne erhitzen. Die Zylinder goldbraun frittieren.
- Heiß mit Ketchup servieren.

Mathis

(Frittierte Leckereien)

Macht 25

Zutaten

350 g weißes Mehl

200 ml warmes Wasser

1 EL Ghee

1 TL Ajowansamen

1 EL Ghee

Salz nach Geschmack

Raffiniertes Pflanzenöl zum Frittieren

Methode

- Alle Zutaten, außer dem Öl, miteinander vermischen. Zu einem geschmeidigen Teig kneten.
- Teilen Sie den Teig in 25 Portionen. Jede Portion zu einer Scheibe mit 5 cm Durchmesser rollen. Die Scheiben mit einer Gabel einstechen und 30 Minuten ruhen lassen.
- Das Öl in einem Topf erhitzen. Frittieren Sie die Scheiben, bis sie hellgolden sind.
- Auf saugfähigem Papier abtropfen lassen. Abkühlen und in einem luftdichten Behälter aufbewahren.

Poha Pakoda

Für 4

Zutaten

100g/3½oz Poha*

500ml/16fl oz Wasser

125 g Erdnüsse, grob zerstoßen

½ TL Ingwerpaste

½ TL Knoblauchpaste

2 TL Zitronensaft

1 TL Zucker

1 TL gemahlener Koriander

½ TL gemahlener Kreuzkümmel

10 g Korianderblätter, fein gehackt

Salz nach Geschmack

Raffiniertes Pflanzenöl zum Frittieren

Methode

- Die Poha 15 Minuten im Wasser einweichen. Abgießen und mit allen restlichen Zutaten, außer dem Öl, vermischen. Walnussgroße Kugeln formen.
- Öl in einer Pfanne erhitzen. Die Poha-Bällchen bei mittlerer Hitze frittieren, bis sie goldbraun sind.
- Auf saugfähigem Papier abtropfen lassen. Heiß servieren mit Minz-Chutney

Hariyali Murgh Tikka

(Grünes Hühnchen-Tikka)

Für 4

Zutaten

650 g Hähnchen ohne Knochen, in 5 cm große Stücke geschnitten chopped

Raffiniertes Pflanzenöl zum Begießen

Für die Marinade:

Salz nach Geschmack

125 g Joghurt

1 EL Ingwerpaste

1 EL Knoblauchpaste

25g/wenige 1oz Minzblätter, gemahlen

25g/wenige 1oz Korianderblätter, gemahlen

50 g Spinat, gemahlen

2 EL Garam Masala

3 EL Zitronensaft

Methode

- Die Marinadenzutaten miteinander vermischen. Marinieren Sie das Huhn mit dieser Mischung für 5-6 Stunden im Kühlschrank. Mindestens eine Stunde vor dem Kochen aus dem Kühlschrank nehmen.
- Grillen Sie die Hähnchenteile auf Spießen oder einem mit Öl bestrichenen Grillblech. Kochen, bis das Huhn von allen Seiten braun wird. Heiß servieren.

Boti Kebab

(mundgerechter Lammkebab)

Macht 20

Zutaten

500 g Lamm ohne Knochen, in kleine Stücke geschnitten

1 TL Ingwerpaste

2 TL Knoblauchpaste

2 TL grüne Chilis

½ EL gemahlener Koriander

½ EL gemahlener Kreuzkümmel

¼ TL Kurkuma

1 TL Chilipulver

¾ TL Garam Masala

Saft von 1 Zitrone

Salz nach Geschmack

Methode

- Alle Zutaten gründlich vermischen und 3 Stunden ruhen lassen.
- Die Lammstücke aufspießen. Auf dem Holzkohlegrill 20 Minuten goldbraun backen. Heiß servieren.

Chaat

(herzhafter Kartoffelsnack)

Für 4

Zutaten

Raffiniertes Pflanzenöl zum Braten

4 mittelgroße Kartoffeln, gekocht, geschält und in 2,5 cm große Stücke geschnitten

½ TL Chilipulver

Salz nach Geschmack

1 TL Kreuzkümmel gemahlen, trocken geröstet

1½ TL Chaat-Masala*

1 TL Zitronensaft

2 EL scharfes und süßes Mango-Chutney

1 EL Minz-Chutney

10 g Korianderblätter, gehackt

1 große Zwiebel, fein gehackt

Methode

- Öl in einer Pfanne erhitzen. Die Kartoffeln bei mittlerer Hitze von allen Seiten goldbraun frittieren. Auf saugfähigem Papier abtropfen lassen.
- In einer Schüssel die Kartoffeln mit Chilipulver, Salz, gemahlenem Kreuzkümmel, Chaat Masala, Zitronensaft, scharf-süßem Mango-Chutney und Minz-Chutney vermengen. Mit Korianderblättern und Zwiebel garnieren. Sofort servieren.

Kokosnuss Dosa

(Kokos-Reis-Crêpe)

Macht 10-12

Zutaten

250 g Reis, 4 Stunden eingeweicht

100g/3½oz Poha*, 15 Minuten eingeweicht

100 g gedämpfter Reis

50 g frische Kokosnuss, gerieben

50 g Korianderblätter, gehackt

Salz nach Geschmack

12 TL raffiniertes Pflanzenöl

Methode

- Alle Zutaten bis auf das Öl zu einem dicken Teig vermahlen.
- Eine flache Pfanne einfetten und erhitzen. Einen Löffel Teig einfüllen und mit der Rückseite eines Löffels zu einem dünnen Crpe verteilen. Gießen Sie einen TL Öl darüber. Kochen, bis sie knusprig sind. Für den restlichen Teig wiederholen.
- Heiß servieren mit Kokos-Chutney

Trockenobst-Pastetchen

Macht 8

Zutaten

50 g gemischte Trockenfrüchte, fein gehackt

2 EL scharfes und süßes Mango-Chutney

4 große Kartoffeln, gekocht und püriert

2 grüne Chilis, fein gehackt

1 EL Maisstärke

Salz nach Geschmack

Raffiniertes Pflanzenöl zum Braten

Methode

- Die Trockenfrüchte mit dem scharf-süßen Mango-Chutney mischen. Beiseite legen.
- Kartoffeln, grüne Chilis, Speisestärke und Salz mischen.
- Teilen Sie die Mischung in 8 zitronengroße Kugeln. Glätten Sie sie, indem Sie sie sanft zwischen Ihren Handflächen drücken.
- Jeweils etwas Trockenfrüchte-Mischung in die Mitte geben und wie ein Beutel verschließen. Noch einmal flach drücken, um Frikadellen zu formen.
- Öl in einer Pfanne erhitzen. Die Patties dazugeben und bei mittlerer Hitze von allen Seiten goldbraun braten. Heiß servieren.

Gekochter Reis Dosa

Macht 10-12

Zutaten

   100 g gedämpfter Reis

   250g Besan*

   3-4 grüne Chilis, fein gehackt

   1 Zwiebel, fein gehackt

   50 g Korianderblätter, gehackt

   8 Curryblätter, fein gehackt

   Prise Asafoetida

   3 EL Joghurt

   Salz nach Geschmack

   150ml/5fl oz Wasser

   12 TL raffiniertes Pflanzenöl

Methode

- Alle Zutaten miteinander vermischen. Leicht zerdrücken und etwas Wasser hinzufügen, bis ein dicker Teig entsteht.
- Eine flache Pfanne einfetten und erhitzen. Einen Löffel Teig darüber gießen und zu einem dünnen Crpe verteilen. Gießen Sie einen Teelöffel Öl darüber. Kochen, bis sie knusprig sind. Für den restlichen Teig wiederholen.
- Heiß servieren mit Kokos-Chutney

Unreife Bananen-Pastetchen

Macht 10

Zutaten

6 unreife Bananen, gekocht und püriert

3 grüne Chilis, fein gehackt

1 kleine Zwiebel, fein gehackt

¼ TL Kurkuma

1 EL Maisstärke

1 TL gemahlener Koriander

1 TL gemahlener Kreuzkümmel

1 TL Zitronensaft

½ TL Ingwerpaste

½ TL Knoblauchpaste

Salz nach Geschmack

Raffiniertes Pflanzenöl zum flachen Braten

Methode

- Alle Zutaten, außer dem Öl, miteinander vermischen. Gut durchkneten.
- In 10 gleich große Kugeln teilen. Zu Patties platt drücken.
- Öl in einer Pfanne erhitzen. Ein paar Patties auf einmal dazugeben und von allen Seiten goldbraun braten.
- Heiß servieren mit Ketchup oder Minz-Chutney

Sooji Vada

(Gebratener Grieß-Snack)

Macht 25-30

Zutaten

200g/7oz Grieß

250g Joghurt

1 große Zwiebel, gehackt

2,5 cm Ingwerwurzel, gerieben

8 Curryblätter

4 grüne Chilis, fein gehackt

½ frische Kokosnuss, gemahlen

Salz nach Geschmack

Raffiniertes Pflanzenöl zum Frittieren

Methode

- Alle Zutaten bis auf das Öl zu einem dickflüssigen Teig verrühren. Beiseite legen.
- Öl in einer Pfanne erhitzen. Löffelweise Teig vorsichtig dazugeben und bei mittlerer Hitze goldbraun braten.
- Auf saugfähigem Papier abtropfen lassen. Heiß servieren mit Minz-Chutney

Süße und saure herzhafte Häppchen

Macht 20

Zutaten

2 EL raffiniertes Pflanzenöl

1 TL Senfkörner

1 TL Sesamsamen

7-8 Curryblätter

2 EL Korianderblätter, fein gehackt

Für die Mutias:

200 g gedämpfter Reis

50 g Kohl, gerieben

1 mittelgroße Karotte, gerieben

125 g gefrorene Erbsen, aufgetaut und püriert

4 grüne Chilis, fein gehackt

1 TL Ingwerpaste

1 TL Knoblauchpaste

2 EL Puderzucker

2 EL Zitronensaft

Prise Kurkuma

1 TL Garam Masala

3 EL Tomatensauce

Salz nach Geschmack

Methode

- Alle Muthia-Zutaten in einer Schüssel vermischen. Gut durchkneten.
- Diese Mischung in eine gefettete 20 cm runde Kuchenform geben und gleichmäßig verteilen.
- Die Dose in einen Dampfgarer stellen und 15-20 Minuten dämpfen. 15 Minuten abkühlen lassen. In rautenförmige Stücke schneiden. Beiseite legen.
- Das Öl in einem Topf erhitzen. Senfkörner, Sesamkörner und Curryblätter dazugeben. Lassen Sie sie 15 Sekunden lang stottern.
- Gießen Sie dies direkt über die Muthias. Mit Koriander garnieren und heiß servieren.

Garnelen-Pastetchen

Für 4

Zutaten

2 EL raffiniertes Pflanzenöl plus zum Braten

1 Zwiebel, fein gehackt

2,5 cm Ingwerwurzel, fein gehackt

2 Knoblauchzehen, fein gehackt

250 g Garnelen, gereinigt und entadert

1 TL Garam Masala

Salz nach Geschmack

1 TL Zitronensaft

2 EL Korianderblätter, gehackt

5 große Kartoffeln, gekocht und püriert

100 g Semmelbrösel

Methode

- 2 EL Öl in einer Pfanne erhitzen. Fügen Sie die Zwiebel hinzu und braten Sie sie glasig an.
- Ingwer und Knoblauch dazugeben und bei mittlerer Hitze eine Minute anbraten.
- Garnelen, Garam Masala und Salz hinzufügen. 5-7 Minuten kochen.
- Zitronensaft und Korianderblätter hinzufügen. Gut mischen und beiseite stellen.
- Die Kartoffeln salzen und zu Frikadellen formen. Auf jedes Patty etwas Garnelenmischung geben. In Beutel verschließen und flach drücken. Beiseite legen.
- Das Öl in einem Topf erhitzen. Die Patties in Semmelbröseln wälzen und flach braten, bis sie goldbraun sind. Heiß servieren.

Reshmi Kebab

(Hühnerkebab in cremiger Marinade)

Macht 10-12

Zutaten

250 ml saure Sahne

1 TL Ingwerpaste

1 TL Knoblauchpaste

1 TL Salz

1 Ei, verquirlt

120ml/4fl oz Doppelcreme

500g/1lb 2oz Hühnchen ohne Knochen, gehackt

Methode

- Sauerrahm, Ingwerpaste und Knoblauchpaste miteinander vermischen. Fügen Sie Salz, Ei und Sahne hinzu, um eine dicke Paste zu erhalten.
- Marinieren Sie das Huhn mit dieser Mischung für 2-3 Stunden.
- Die Stücke aufspießen und auf dem Holzkohlegrill hellbraun braten.
- Heiß servieren.

Gebrochener Weizengenuss

Macht 15

Zutaten

250g geknackter Weizen, leicht geröstet

150 g Mung-Dhal*

300ml/10fl oz Wasser

125 g gefrorene Erbsen

60 g Karotten, gerieben

1 EL geröstete Erdnüsse

1 EL Tamarindenpaste

1 TL Garam Masala

1 TL Chilipulver

¼ TL Kurkuma

1 TL Salz

1 EL Korianderblätter, gehackt

Methode

- Weichen Sie den gebrochenen Weizen und das Mung-Dhal 2-3 Stunden im Wasser ein.
- Die restlichen Zutaten bis auf die Korianderblätter dazugeben und gut vermischen.
- Gießen Sie die Mischung in eine 20 cm runde Kuchenform. 10 Minuten dämpfen.
- Abkühlen und in Stücke schneiden. Mit Koriander garnieren. Mit grünem Kokos-Chutney servieren

Methi Dhokla

(Gedämpfter Bockshornkleekuchen)

Macht 12

Zutaten

200 g Kurzkornreis

150 g Urad Dhal*

Salz nach Geschmack

25g Bockshornkleeblätter, gehackt

2 TL grüne Chilis

1 EL Sauerrahm

Raffiniertes Pflanzenöl zum Einfetten

Methode

- Reis und Dhal zusammen 6 Stunden einweichen.
- Zu einer dicken Paste mahlen und 8 Stunden zum Fermentieren beiseite stellen.
- Fügen Sie die restlichen Zutaten hinzu. Gut mischen und weitere 6-7 Stunden fermentieren.
- Eine runde Kuchenform (20 cm/8 Zoll) einfetten. Den Teig in die Form füllen und 7-10 Minuten dämpfen.
- Heiß mit jedem süßen Chutney servieren.

Erbsenpastetchen

Macht 12

Zutaten

2 EL raffiniertes Pflanzenöl plus extra zum Frittieren

1 TL Kreuzkümmelsamen

600 g gekochte Erbsen, püriert

1½ TL Amchoor*

1½ TL gemahlener Koriander

Salz nach Geschmack

½ TL gemahlener schwarzer Pfeffer

6 Kartoffeln, gekocht und püriert

2 Brotscheiben

Methode

- 2 EL Öl in einem Topf erhitzen. Kreuzkümmelsamen hinzufügen. Nach 15 Sekunden Erbsen, Amchoor und Koriander hinzufügen. 2 Minuten braten. Beiseite legen.
- Salz und Pfeffer zu den Kartoffeln geben. Beiseite legen.
- Tauchen Sie die Brotscheiben in Wasser. Drücke das überschüssige Wasser aus, indem du es zwischen deinen Handflächen drückst. Die Krusten entfernen und die Scheiben in die Kartoffelmischung geben. Gut mischen. Teilen Sie die Mischung in zitronengroße Kugeln.
- Jede Kugel flach drücken und einen EL der Erbsenmischung in die Mitte geben. Wie ein Beutel verschließen und wieder flach drücken.
- Öl in einer Pfanne erhitzen. Die Patties goldbraun frittieren. Heiß servieren.

Nimki

(Knuspriges Mehl Dreieck)

Macht 20

Zutaten

500g/1lb 2oz Besan*

75 g Ghee

1 TL Salz

1 TL Kreuzkümmelsamen

1 TL Ajowansamen

200ml/7fl oz Wasser

Salz nach Geschmack

Raffiniertes Pflanzenöl zum Frittieren

Methode

- Alle Zutaten, außer dem Öl, miteinander vermischen. Zu einem festen Teig kneten.
- Machen Sie walnussgroße Kugeln. In dünne Scheiben ausrollen. Halbieren und zu Dreiecken falten.
- Öl in einer Pfanne erhitzen. Die Dreiecke bei mittlerer Hitze goldbraun frittieren. Kühlen und in einem luftdichten Behälter bis zu 8 Tage aufbewahren.

Dahi Pakoda Chaat

(Gebratene Linsenknödel in Joghurt)

Für 4

Zutaten

200g/7oz Mung-Dhal*

200 g Urad Dhal*

1cm Ingwerwurzel, gehackt

3 EL gehackte Korianderblätter

Salz nach Geschmack

Raffiniertes Pflanzenöl zum Frittieren

125 g süßes Tomaten-Chutney

125 g Minz-Chutney

175 g Joghurt, verquirlt

½ TL schwarzes Salz

1 EL gemahlener Kreuzkümmel, trocken geröstet

3 EL Bombay-Mix*

Methode

- Die Dhals zusammen 4-5 Stunden einweichen. Ingwer, 2 EL Korianderblätter und das Salz abgießen und

dazugeben. Mahlen, um einen groben Teig zu machen. Beiseite legen.
- Das Öl in einem Topf erhitzen. Wenn es zu rauchen beginnt, löffelweise Teig dazugeben. goldbraun braten. Auf saugfähigem Papier abtropfen lassen.
- Die gebratenen Pakodas in einer Servierschale anrichten. Minz-Chutney, süßes Tomaten-Chutney und Joghurt über die Pakodas streuen. Mit den restlichen Zutaten bestreuen. Sofort servieren.

Kutidhal Dhokla

(Zerbrochener Linsenkuchen)

Macht 20

Zutaten

250 g Mung-Dhal*

150ml/5fl oz Sauerrahm

Salz nach Geschmack

1 TL Ingwerpaste

Methode

- Das Dhal 4-5 Stunden in der sauren Sahne einweichen. Mahlen Sie zu einer dicken Paste.
- Fügen Sie die Salz- und Ingwerpaste hinzu. Gut mischen.
- In eine 20 cm runde Kuchenform füllen und 10 Minuten dämpfen.
- 10 Minuten abkühlen lassen. In mundgerechte Stücke schneiden und heiß servieren.

Ghugni

(Würziges bengalisches Gramm)

Dient 5-6

Zutaten

600 g / 5 oz Chana Dhal*, über Nacht eingeweicht

450 ml Wasser15

Prise Bikarbonat Soda

Salz nach Geschmack

2 EL Ghee

400 g frische Kokosnuss, fein gehackt

2 EL Senföl

1 große Zwiebel, fein gehackt

½ TL Kurkuma

1 TL gemahlener Kreuzkümmel

½ TL Ingwerpaste

2 grüne Chilis, fein gehackt

2 Lorbeerblätter

1 TL Zucker

¼ TL gemahlener Zimt

¼ TL gemahlener Kardamom

¼ TL gemahlene Nelken

2 EL Zitronensaft

Methode

- In einem Topf das Chana-Dhal mit Wasser, Natron und Salz mischen. 30 Minuten bei mittlerer Hitze kochen. Beiseite legen.
- 1 EL Ghee in einer Pfanne erhitzen. Die Kokosstücke frittieren. Beiseite legen.
- Senföl in einer Pfanne erhitzen. Die Zwiebel bei mittlerer Hitze braun braten.
- Kurkuma, gemahlenen Kreuzkümmel, Ingwerpaste und grüne Chilis hinzufügen. 3 Minuten braten.
- Fügen Sie das gekochte Dhal, die gebratenen Kokosnussstücke, die Lorbeerblätter und den Zucker hinzu. Gründlich mischen.
- Mit Zimt, Kardamom, Nelken, Zitronensaft und restlichem Ghee bestreuen. Gut mischen, um zu beschichten.
- Heiß mit Puris servieren oder so, wie es ist.

Pfeffriger Mung Dhal

Für 4

Zutaten

225g/8oz Mung-Dhal*

Salz nach Geschmack

2 grüne Chilis, fein gehackt

Prise Kurkuma

1,25 Liter/2½ Pints Wasser

1 TL Zitronensaft

½ TL gemahlener schwarzer Pfeffer

Methode

- Mischen Sie Dhal, Salz, grüne Chilis, Kurkuma und Wasser in einem Topf. 45 Minuten bei mittlerer Hitze kochen.

- Zitronensaft und Pfeffer hinzufügen. Gut mischen. Heiß servieren.

Dhal Buchara

(Cremiges ganzes schwarzes Gramm)

Für 4-6

Zutaten

600g/1lb 5oz Urad Dhal*, über Nacht eingeweicht

2 EL Kidneybohnen, über Nacht eingeweicht

2 Liter/3½ Pints Wasser

Salz nach Geschmack

3 EL Butter

1 TL Kreuzkümmelsamen

1 große Zwiebel, fein gehackt

2,5 cm Ingwerwurzel, fein gehackt

2 Knoblauchzehen, fein gehackt

1 TL Chilipulver

1 EL gemahlener Koriander

4 Tomaten, blanchiert und gehackt

½ TL Garam Masala

2 EL frische Sahne

2 EL Joghurt

3 EL Ghee

2,5 cm Ingwerwurzel, Julienned

2 grüne Chilis, längs geschlitzt

1 EL Korianderblätter, fein gehackt

Methode

- Dhal und Kidneybohnen nicht abtropfen lassen. Mit Wasser und Salz in einem Topf mischen. Eine Stunde bei mittlerer Hitze kochen. Vorsichtig zerdrücken und beiseite stellen.

- In einer kleinen Pfanne die Butter schmelzen. Kreuzkümmelsamen hinzufügen. Lassen Sie sie 15 Sekunden lang stottern.

- Zwiebel, Ingwer, Knoblauch, Chilipulver, Koriander und Tomaten dazugeben. Bei schwacher Hitze 7-8 Minuten kochen lassen, dabei gelegentlich umrühren.

- Garam Masala, Sahne, Joghurt und Ghee hinzufügen. Gut mischen. 2-3 Minuten kochen.

- Fügen Sie diese Mischung dem Dhal hinzu. 10 Minuten köcheln lassen.

- Mit Ingwer, grünen Chilis und Korianderblättern garnieren. Heiß servieren mit gedämpftem Reis, Chapatti oder Naan

Methi Dhal

(Split Red Gram mit Bockshornklee)

Für 4

Zutaten

50 g frische Bockshornkleeblätter, fein gehackt

Salz nach Geschmack

300g/10oz Toor Dhal*

1,5 Liter Wasser

1 große Zwiebel, fein gehackt

2 Tomaten, fein gehackt

2 TL Tamarindenpaste

1 grüne Chilischote, längs geschlitzt

¼ TL Kurkuma

¾ TL Chilipulver

2 EL frische Kokosnuss, gerieben

1 EL Jaggery*, gerieben

Für die Würze:

2 TL raffiniertes Pflanzenöl

½ TL Senfkörner

6 Curryblätter

8 Nelken, zerstoßen

Methode

- Die Bockshornkleeblätter mit etwas Salz einreiben und beiseite stellen.

- Das Torr Dhal mit Wasser und Salz in einem Topf 45 Minuten bei mittlerer Hitze kochen.

- Die Bockshornkleeblätter zusammen mit Zwiebel, Tomaten, Tamarindenpaste, grünem Chili, Kurkuma, Chilipulver, Kokosnuss und Jaggery dazugeben. Gründlich mischen. Bei Bedarf noch etwas Wasser hinzufügen. 5 Minuten köcheln lassen.

- Von der Hitze nehmen. Gut zerdrücken und beiseite stellen.

- Das Öl in einem Topf erhitzen. Senfkörner, Curryblätter und Nelken dazugeben. Lassen Sie sie 15 Sekunden lang stottern. Gießen Sie dies über das Dhal. Heiß servieren.

Malai Koftas

(Knödel in süßer Soße)

Für 4

Zutaten

2,5 cm Zimt

6 grüne Kardamomkapseln

¼ TL gemahlene Muskatnuss

6 Nelken

3 TL frisch gemahlener weißer Pfeffer

3,5 cm Ingwerwurzel, gerieben

½ TL Kurkuma

2 Knoblauchzehen, zerdrückt

2½ TL Zucker

Salz nach Geschmack

120ml/4fl oz Wasser

3 EL Ghee

360ml/12fl oz Milch

120ml/4fl oz Einzelcreme

1 EL Cheddarkäse, gerieben

1 EL Korianderblätter, fein gehackt

Für die Köfte:

50g / 1 .oz khoya*

50 g Paneer*

4 große Kartoffeln, gekocht und püriert

4-5 grüne Chilis, fein gehackt

1cm Ingwerwurzel, gerieben

1 TL Koriander, gehackt

½ TL Kreuzkümmelsamen

Salz nach Geschmack

20g/oz Rosinen

20g Cashewnüsse

Methode

- Für die Koftas alle Kofta-Zutaten außer den Rosinen und Cashewnüssen zu einem weichen Teig verkneten.

- Diesen Teig in walnussgroße Kugeln teilen. 2-3 Rosinen und Cashewnüsse in die Mitte jeder Kugel drücken.

- Backen Sie die Kugeln in einem Ofen bei 200°C (400°F/Gas Stufe 6) für 5 Minuten. Legen Sie sie beiseite.

- Für die Sauce Zimt, Kardamom, Muskatnuss und Nelken zusammen in einer Pfanne bei schwacher Hitze 1 Minute trocken rösten. Mahlen und beiseite stellen.

- Pfeffer, Ingwer, Kurkuma, Knoblauch, Zucker und Salz mit dem Wasser zermahlen. Beiseite legen.

- Das Ghee in einem Topf erhitzen. Die Zimt-Kardamom-Mischung hinzufügen. Bei mittlerer Hitze eine Minute braten.

- Die Pfeffer-Ingwer-Mischung hinzufügen. 5-7 Minuten braten, dabei gelegentlich umrühren.

- Milch und Sahne hinzufügen. 15 Minuten köcheln lassen, dabei gelegentlich umrühren.

- Die warmen Koftas in eine Auflaufform geben.

- Die Sauce über die Koftas gießen und mit Käse und Korianderblättern garnieren. Heiß servieren.

- Alternativ, nachdem Sie die Sauce über die Koftas gegossen haben, in einem vorgeheizten Ofen bei 200°C (400°F, Gas Stufe 6) 5 Minuten backen. Mit Käse und Korianderblättern garnieren. Heiß servieren.

Aloo Palak

(Kartoffeln mit Spinat gekocht)

Für 6

Zutaten

300 g Spinat, gehackt und gedünstet

2 grüne Chilis, längs geschlitzt

4 EL Ghee

2 große Kartoffeln, gekocht und gewürfelt

½ TL Kreuzkümmelsamen

2,5 cm Ingwerwurzel, Julienned

2 große Zwiebeln, fein gehackt

3 Tomaten, fein gehackt

1 TL Chilipulver

½ TL gemahlener Zimt

½ TL gemahlene Nelken

¼ TL Kurkuma

½ TL Garam Masala

½ TL Vollkornmehl

1 TL Zitronensaft

Salz nach Geschmack

½ EL Butter

Große Prise Asafoetida

Methode

- Den Spinat mit den grünen Chilis in einem Mixer grob mahlen. Beiseite legen.
- Das Ghee in einem Topf erhitzen. Die Kartoffeln dazugeben und bei mittlerer Hitze hellbraun und knusprig braten. Lassen Sie sie ab und stellen Sie sie beiseite.
- Fügen Sie im gleichen Ghee die Kreuzkümmel hinzu. Lassen Sie sie 15 Sekunden lang stottern.
- Ingwer und Zwiebeln dazugeben. Bei mittlerer Hitze 2-3 Minuten braten.
- Fügen Sie die restlichen Zutaten hinzu, außer der Butter und Asafoetida. Die Mischung 3-4 Minuten bei mittlerer Hitze kochen und dabei in regelmäßigen Abständen umrühren.
- Spinat und Kartoffeln dazugeben. Gut mischen und 2-3 Minuten köcheln lassen. Stellen Sie die Mischung beiseite.
- Die Butter in einem kleinen Topf erhitzen. Fügen Sie die Asafoetida hinzu. Lassen Sie es 5 Sekunden lang stottern.
- Gießen Sie diese Mischung sofort über den Aloo Palak. Vorsichtig mischen. Heiß servieren.

HINWEIS: *Sie können die Kartoffeln durch frische Erbsen oder Maiskörner ersetzen.*

Dum ka Karela

(Langsam gekochter bitterer Kürbis)

Für 4

Zutaten

12 bittere Kürbisse*

Salz nach Geschmack

500ml/16fl oz Wasser

1 TL Kurkuma

1 TL Ingwerpaste

1 TL Knoblauchpaste

Butter zum Bestreichen und Einfetten

Für die Füllung:

1 EL frische Kokosnuss, gehackt

60g Erdnüsse

1 EL Sesamsamen

1 TL Kreuzkümmelsamen

2 große Zwiebeln

2,5 cm Ingwerwurzel, Julienned

2 TL Jaggery*, gerieben

1½ TL gemahlener Koriander

1 TL Chilipulver

Salz nach Geschmack

150 g Paneer*, gerieben

Für die Würze:

3 EL raffiniertes Pflanzenöl

10 Curryblätter

½ TL Kreuzkümmelsamen

½ TL Senfkörner

¼ TL Bockshornkleesamen

Methode

- Die bitteren Kürbisse der Länge nach nur einmal einschlitzen, dabei darauf achten, dass der Boden intakt bleibt. Entkerne sie. Mit Salz einreiben und 1 Stunde ruhen lassen.
- Wasser mit Kurkuma, Ingwerpaste, Knoblauchpaste und etwas Salz in einem Topf mischen und bei mittlerer Hitze 5-7 Minuten kochen. Die bitteren Kürbisse hinzufügen. Kochen, bis sie weich sind. Abgießen und beiseite stellen.
- Für die Füllung alle Zutaten der Füllung bis auf den Paneer trocken rösten. Mischen Sie die trocken geröstete Mischung mit 60 ml Wasser. Zu einer feinen Paste mahlen.
- Fügen Sie den Paneer hinzu. Mischen Sie es gründlich mit der gemahlenen Paste. Beiseite legen.

- Öl in einer Pfanne erhitzen. Fügen Sie die Gewürzzutaten hinzu. Lassen Sie sie 15 Sekunden lang stottern.
- Diese über die Füllmasse gießen. Gut mischen. Die Füllung in 12 gleich große Portionen teilen.
- In jeden bitteren Kürbis eine Portion füllen. Mit der gefüllten Seite nach oben auf ein gefettetes Backblech legen. Stanzen Sie ein paar Löcher in eine Folie und verschließen Sie das Blech damit.
- Die bitteren Kürbisse in einem Ofen bei 140 °C (275 °F, Gas Stufe 1) 30 Minuten backen und in regelmäßigen Abständen begießen. Heiß servieren.

Navratna-Curry

(Reichhaltiges gemischtes Gemüsecurry)

Für 4

Zutaten

100 g französische Bohnen

2 große Karotten

100 g Blumenkohl

200 g Erbsen

360ml/12fl oz Wasser

4 EL Ghee plus extra zum Frittieren

2 Kartoffeln, gehackt

150 g Paneer*, in Stücke geschnitten

2 Tomaten, püriert

2 große grüne Paprika, in lange Streifen geschnitten strip

150 g Cashewnüsse

250g Rosinen

2 TL Zucker

Salz nach Geschmack

200 g Joghurt, verquirlt

2 Ananasscheiben, gehackt

Ein paar Kirschen

Für die Gewürzmischung:

6 Knoblauchzehen

2 grüne Chilis

4 trockene rote Chilis

2,5 cm Ingwerwurzel

2 TL Koriandersamen

1 TL Kreuzkümmelsamen

1 TL Schwarzkümmelsamen

3 grüne Kardamomkapseln

Methode

- Die Bohnen, Karotten und den Blumenkohl würfeln. Mischen Sie sie mit den Erbsen und Wasser. Diese Mischung in einem Topf bei mittlerer Hitze 7-8 Minuten kochen. Beiseite legen.
- Das Ghee zum Frittieren in einer Pfanne erhitzen. Kartoffeln und Paneer dazugeben. Frittieren Sie sie bei mittlerer Hitze, bis sie goldbraun werden. Lassen Sie sie ab und stellen Sie sie beiseite.
- Alle Zutaten der Gewürzmischung zu einer Paste vermahlen. Beiseite legen.
- 4 EL Ghee in einer Pfanne erhitzen. Fügen Sie die Gewürzpaste hinzu. Bei mittlerer Hitze 1-2 Minuten unter ständigem Rühren braten.

- Tomatenpüree, Paprika, Cashewnüsse, Rosinen, Zucker und Salz hinzufügen. Gut mischen.
- Fügen Sie das gekochte Gemüse, den gebratenen Paneer und die Kartoffeln und den Joghurt hinzu. Rühren, bis der Joghurt und das Tomatenpüree die restlichen Zutaten überziehen. 10-15 Minuten köcheln lassen.
- Das Navratna-Curry mit den Ananasscheiben und Kirschen dekorieren. Heiß servieren.

Gemischte Gemüse-Kofta in Tomaten-Curry

Für 4

Zutaten

Für die Kofta:

125 g gefrorener Mais

125 g gefrorene Erbsen

60 g französische Bohnen, gehackt

60 g Karotten, fein gehackt

375g Besan*

½ TL Chilipulver

Prise Kurkuma

1 TL Amchor*

1 TL gemahlener Koriander

½ TL gemahlener Kreuzkümmel

Salz nach Geschmack

Raffiniertes Pflanzenöl zum Frittieren

Für das Curry:

4 Tomaten, fein gehackt

2 TL Tomatenmark

1 TL gemahlener Ingwer

½ TL Chilipulver

¼ TL Zucker

¼ TL gemahlener Zimt

2 Nelken

Salz nach Geschmack

1 EL Paneer*, gerieben

25g Korianderblätter, fein gehackt

Methode

- Für die Köfta Mais, Erbsen, Bohnen und Karotten in einem Topf vermischen. Die Mischung vorkochen.
- Die angekochte Mischung mit den restlichen Kofta-Zutaten außer dem Öl zu einem weichen Teig verkneten. Den Teig in zitronengroße Kugeln teilen.
- Öl in einer Pfanne erhitzen. Fügen Sie die Köftabällchen hinzu. Frittieren Sie sie bei mittlerer Hitze, bis sie goldbraun werden. Die Koftas abtropfen lassen und beiseite stellen.
- Für das Curry alle Curryzutaten außer Paneer und Korianderblättern in einem Topf vermischen.
- Kochen Sie diese Mischung für 15 Minuten bei mittlerer Hitze unter häufigem Rühren.
- Fügen Sie die Koftas 15 Minuten vor dem Servieren vorsichtig zum Curry hinzu.
- Mit Paneer und Korianderblättern garnieren. Heiß servieren.

Muthias in weißer Soße

(Paneer und Bockshornkleeknödel in weißer Soße)

Für 4

Zutaten

1 EL Cashewkerne

1 EL leicht geröstete Erdnüsse

1 Scheibe Weißbrot

1 mittelgroße Zwiebel, fein gehackt

2,5 cm Ingwerwurzel

3 grüne Chilis

1 TL Mohn, 1 Stunde in 2 EL Milch eingeweicht

2 EL Ghee

240ml/6fl oz Milch

1 TL Puderzucker

Prise gemahlener Zimt

Prise gemahlene Nelken

120ml/4fl oz Einzelcreme

Salz nach Geschmack

200g Joghurt

Für die Mutias:

300g/10oz Paneer*, zerbröckelt

1 EL fein gehackte Bockshornkleeblätter

1 EL weißes Mehl

Salz nach Geschmack

Chilipulver nach Geschmack

Ghee zum Frittieren

Methode

- Alle Muthia-Zutaten außer dem Ghee zu einem weichen Teig verkneten. Den Teig in walnussgroße Kugeln teilen.
- Das Ghee in einer Pfanne erhitzen. Die Kugeln dazugeben und bei mittlerer Hitze frittieren, bis sie goldbraun sind. Beiseite legen.
- Die Cashewkerne, die gerösteten Erdnüsse und das Brot mit genügend Wasser zu einer Paste vermahlen. Stellen Sie die Mischung beiseite.
- Zwiebel, Ingwer, Chili und Mohn mit ausreichend Wasser zu einer Paste vermahlen. Stellen Sie die Mischung beiseite.

- Das Ghee in einer Pfanne erhitzen. Fügen Sie die Zwiebel-Ingwer-Mischung hinzu. Braten, bis es braun wird.
- Alle restlichen Zutaten und die Cashew-Erdnuss-Paste hinzufügen. Gut mischen. 15 Minuten köcheln lassen, dabei häufig umrühren.

- Fügen Sie die Muthias hinzu. Vorsichtig mischen. Heiß servieren.

Braunes Curry

Für 4

Zutaten

2 grüne Kardamomkapseln

2 Nelken

2 schwarze Pfefferkörner

1cm Zimt

1 Lorbeerblatt

2 trockene rote Chilis

1 TL Vollkornmehl

2 EL raffiniertes Pflanzenöl

1 große Zwiebel, in Scheiben geschnitten

1 TL Kreuzkümmelsamen

Prise Asafoetida

1 große grüne Paprika, Julienned

2,5 cm Ingwerwurzel, Julienned

4 Knoblauchzehen, zerstoßen

½ TL Chilipulver

¼ TL Kurkuma

1 TL gemahlener Koriander

2 große Tomaten, fein gehackt

1 EL Tamarindenpaste

Salz nach Geschmack

1 EL Korianderblätter, fein gehackt

Methode

- Kardamom, Nelken, Pfefferkörner, Zimt, Lorbeerblatt und rote Chilis zu einem feinen Pulver vermahlen. Beiseite legen.
- Das Mehl unter ständigem Rühren trocken rösten, bis es hellrosa ist. Beiseite legen.
- Das Öl in einem Topf erhitzen. Fügen Sie die Zwiebel hinzu. Bei mittlerer Hitze braten, bis es braun wird. Abgießen und zu einer feinen Paste zermahlen. Beiseite legen.
- Das gleiche Öl erhitzen und die Kreuzkümmelsamen hinzufügen. Lassen Sie sie 15 Sekunden lang stottern.
- Asafoetida, grüne Paprika, Ingwer und Knoblauch hinzufügen. Eine Minute braten.
- Die restlichen Zutaten bis auf die Korianderblätter hinzufügen. Gut mischen.
- Die gemahlene Kardamom-Nelken-Mischung, das trocken geröstete Mehl und die Zwiebelpaste hinzufügen. Gut mischen.
- 10-15 Minuten köcheln lassen.
- Mit den Korianderblättern garnieren. Heiß servieren.

HINWEIS: *Dieses Curry passt gut zu Gemüse wie Babykartoffeln in der Schale, Erbsen und gebratenen Auberginenstücken.*

Diamant-Curry

Für 4

Zutaten

2-3 EL raffiniertes Pflanzenöl

2 große Zwiebeln, zu einer Paste gemahlen

1 TL Ingwerpaste

1 TL Knoblauchpaste

2 große Tomaten, püriert

1-2 grüne Chilis

½ TL Kurkuma

1 EL gemahlener Kreuzkümmel

½ TL Garam Masala

½ TL Zucker

Salz nach Geschmack

250ml/8fl oz Wasser

Für die Diamanten:

250g Besan*

200ml/7fl oz Wasser

1 EL raffiniertes Pflanzenöl

1 Prise Asafoetida

½ TL Kreuzkümmelsamen

25g Korianderblätter, fein gehackt

2 grüne Chilis, fein gehackt

Salz nach Geschmack

Methode

- Für die Sauce das Öl in einem Topf erhitzen. Fügen Sie die Zwiebelpaste hinzu. Die Paste bei mittlerer Hitze braten, bis sie glasig wird.
- Fügen Sie die Ingwerpaste und die Knoblauchpaste hinzu. Eine Minute braten.
- Fügen Sie die restlichen Zutaten hinzu, mit Ausnahme der Diamantzutaten. Gut mischen. Mit einem Deckel abdecken und die Mischung 5-7 Minuten köcheln lassen. Die Soße beiseite stellen.
- Um die Diamanten herzustellen, mischen Sie das Besan vorsichtig mit Wasser, um einen dicken Teig zu bilden. Klumpenbildung vermeiden. Beiseite legen.
- Das Öl in einem Topf erhitzen. Fügen Sie die Asafoetida- und Kreuzkümmelsamen hinzu. Lassen Sie sie 15 Sekunden lang stottern.
- Fügen Sie den Besan-Teig und alle restlichen Diamantzutaten hinzu. Bei mittlerer Hitze kontinuierlich rühren, bis die Mischung den Rand der Pfanne verlässt.
- Fetten Sie ein 15 × 35 cm/6 × 14 Zoll Antihaft-Backblech ein. Den Teig einfüllen und mit einem Spachtel glatt streichen. 20 Minuten fest werden lassen. In Rautenform schneiden.

- Fügen Sie die Diamanten der Sauce hinzu. Heiß servieren.

Gemüseeintopf

Für 4

Zutaten

1 EL weißes Mehl

3 EL raffiniertes Pflanzenöl

4 Nelken

2,5 cm Zimt

2 grüne Kardamomkapseln

1 kleine Zwiebel, gewürfelt

1cm Ingwerwurzel, gehackt

2-5 grüne Chilis, längs geschlitzt

10 Curryblätter

150 g gefrorenes, gemischtes Gemüse

600ml/1 Pint Kokosmilch

Salz nach Geschmack

1 EL Essig

1 TL gemahlener schwarzer Pfeffer

1 TL Senfkörner

1 Schalotte, gehackt

Methode

- Mischen Sie das Mehl mit so viel Wasser, dass eine dicke Paste entsteht. Beiseite legen.
- 2 EL Öl in einem Topf erhitzen. Nelken, Zimt und Kardamom zugeben. Lassen Sie sie 30 Sekunden lang stottern.
- Zwiebel, Ingwer, Chili und Curryblätter dazugeben. Die Mischung bei mittlerer Hitze 2-3 Minuten unter Rühren braten.
- Gemüse, Kokosmilch und Salz dazugeben. 2-3 Minuten rühren.
- Fügen Sie die Mehlpaste hinzu. 5-7 Minuten unter ständigem Rühren kochen.
- Fügen Sie den Essig hinzu. Gut mischen. Eine weitere Minute köcheln lassen. Stellen Sie den Eintopf beiseite.
- Restliches Öl in einem Topf erhitzen. Paprika, Senfkörner und Schalotte hinzufügen. 1 Minute braten.
- Diese Mischung über den Eintopf gießen. Heiß servieren.

Pilz-Erbsen-Curry

Für 4

Zutaten

2 grüne Chilis

1 EL Mohn

2 grüne Kardamomkapseln

1 EL Cashewkerne

1cm Ingwerwurzel

½ EL Ghee

1 große Zwiebel, fein gehackt

4 Knoblauchzehen, fein gehackt

400 g Champignons, in Scheiben geschnitten

200 g Erbsen aus der Dose

Salz nach Geschmack

1 EL Joghurt

1 EL Einzelrahm

10 g Korianderblätter, fein gehackt

Methode

- Mahlen Sie die grünen Chilis, Mohn, Kardamom, Cashewnüsse und Ingwer zu einer dicken Paste. Beiseite legen.
- Das Ghee in einem Topf erhitzen. Fügen Sie die Zwiebel hinzu. Bei mittlerer Hitze glasig braten.
- Fügen Sie den Knoblauch und die gemahlene grüne Chili-Mohn-Mischung hinzu. 5-7 Minuten braten.
- Champignons und Erbsen dazugeben. 3-4 Minuten braten.
- Salz, Joghurt und Sahne hinzufügen. Gut mischen. 5-7 Minuten köcheln lassen, dabei gelegentlich umrühren.
- Mit den Korianderblättern garnieren. Heiß servieren.

Navratan Korma

(Würziges gemischtes Gemüse)

Für 4

Zutaten

1 TL Kreuzkümmelsamen

2 TL Mohn

3 grüne Kardamomkapseln

1 große Zwiebel, fein gehackt

25g Kokosnuss, gerieben

3 grüne Chilis, längs geschlitzt

3 EL Ghee

15 Cashewnüsse

3 EL Butter

400 g Erbsen aus der Dose

2 Karotten, gekocht und gehackt

1 kleiner Apfel, fein gehackt

2 Ananasscheiben, fein gehackt

125 g Joghurt

60ml/2fl oz Einzelcreme

120 ml Tomatenketchup

20 Rosinen

Salz nach Geschmack

1 EL Cheddarkäse, gerieben

1 EL Korianderblätter, fein gehackt

2 glasierte Kirschen

Methode

- Kreuzkümmel und Mohn zu einem feinen Pulver vermahlen. Beiseite legen.
- Kardamom, Zwiebel, Kokosnuss und grüne Chilis zu einer dicken Paste vermahlen. Beiseite legen.
- Ghee erhitzen. Cashewkerne dazugeben. Frittieren Sie sie bei mittlerer Hitze, bis sie goldbraun werden. Abtropfen lassen und beiseite stellen. Entsorgen Sie das Ghee nicht.
- Fügen Sie die Butter zum Ghee hinzu und erhitzen Sie die Mischung eine Minute lang unter gründlichem Rühren.
- Die Kardamom-Zwiebel-Mischung hinzufügen. Bei mittlerer Hitze 2 Minuten unter Rühren braten.
- Erbsen, Karotten, Apfel und Ananas hinzufügen. Die Mischung 5-6 Minuten unter Rühren braten.
- Fügen Sie die Kreuzkümmel-Mohn-Mischung hinzu. Bei schwacher Hitze eine weitere Minute kochen.
- Joghurt, Sahne, Ketchup, Rosinen und Salz hinzufügen. Rühren Sie die Mischung bei schwacher Hitze 7-8 Minuten lang.

- Korma mit Käse, Korianderblättern, Kirschen und den gebratenen Cashewnüssen garnieren. Heiß servieren.

Sindhi Sai Bhaji*

(Sindhi scharfes Gemüse)

Für 4

Zutaten

3 EL raffiniertes Pflanzenöl

1 große Zwiebel, gehackt

3 grüne Chilis, längs geschlitzt

6 Knoblauchzehen, fein gehackt

1 Karotte, fein gehackt

1 große grüne Paprika, fein gehackt

1 kleiner Kohl, fein gehackt

1 große Kartoffel, fein gehackt

1 Aubergine, fein gehackt

100 g Okraschote, gehackt

100 g französische Bohnen, fein gehackt

150 g Spinatblätter, fein gehackt

100 g Korianderblätter, fein gehackt

300g/10oz Masoor Dhal*, 30 Minuten eingeweicht und abgetropft

150 g Mung-Dhal*, 30 Minuten eingeweicht und abgetropft

750ml/1¼ Pints Wasser

1 TL Chilipulver

1 TL gemahlener Koriander

½ TL Kurkuma

1 TL Salz

1 Tomate

½ EL Ghee

Prise Asafoetida

Methode

- Öl in einem großen Topf erhitzen. Fügen Sie die Zwiebel hinzu. Bei mittlerer Hitze glasig braten.
- Fügen Sie die grünen Chilis und den Knoblauch hinzu. Eine weitere Minute braten.
- Alle restlichen Zutaten außer Tomate, Ghee und Asafoetida hinzufügen. Gründlich mischen. Mit einem Deckel abdecken und 10 Minuten bei schwacher Hitze kochen, dabei in regelmäßigen Abständen umrühren.
- Die ganze Tomate auf die Gemüsemischung legen, wieder abdecken und die Mischung 30 Minuten weitergaren.
- Vom Herd nehmen und den Inhalt grob mischen. Legen Sie das Bhaji beiseite.
- Das Ghee in einem Topf erhitzen. Fügen Sie die Asafoetida hinzu. Lassen Sie es 10 Sekunden lang stottern. Direkt über das Bhaji gießen. Rühren Sie die Mischung gründlich um. Heiß servieren.

Nawabi Rote Beeteet

(reiche Rote Beete)

Für 4

Zutaten

500 g mittelgroße Rote Bete, geschält

125 g Joghurt

120ml/4fl oz Einzelcreme

Salz nach Geschmack

2,5 cm Ingwerwurzel, Julienned

100 g frische Erbsen

1 EL Zitronensaft

1 EL raffiniertes Pflanzenöl

2 EL Butter

1 große Zwiebel, gerieben

6 Knoblauchzehen, zerdrückt

1 TL Chilipulver

Prise Kurkuma

1 TL Garam Masala

250 g Cheddar-Käse, gerieben

50 g Korianderblätter, fein gehackt

Methode

- Die Rote Beete aushöhlen. Entsorgen Sie die herausgeschöpften Teile nicht. Beiseite legen.
- 2 EL Joghurt, 2 EL Sahne und Salz verrühren.
- Werfen Sie die ausgehöhlten Rote Bete in diese Mischung, um sie gut zu beschichten.
- Diese Rote Bete bei mittlerer Hitze 5-7 Minuten dämpfen. Beiseite legen.
- Die ausgeschöpften Portionen der Roten Bete mit Ingwer, Erbsen, Zitronensaft und Salz vermischen.
- Das Öl in einem Topf erhitzen. Fügen Sie die Rote-Bete-Ingwer-Mischung hinzu. Bei mittlerer Hitze 4-5 Minuten braten.
- Die gedünsteten Rote Bete mit dieser Mischung füllen. Beiseite legen.
- Die Butter in einem Topf erhitzen. Zwiebel und Knoblauch dazugeben. Bei mittlerer Hitze braten, bis die Zwiebel glasig wird.
- Restliche Sahne, Chilipulver, Kurkuma und Garam Masala hinzufügen. Gut umrühren. 4-5 Minuten kochen.
- Die gefüllten Rote Bete, den restlichen Joghurt und den Käse dazugeben. 2-3 Minuten köcheln lassen und die Korianderblätter dazugeben. Heiß servieren.

Baghara Baingan

(Scharfe und würzige Aubergine)

Für 4

Zutaten

1 EL Koriandersamen

1 EL Mohn

1 EL Sesamsamen

½ TL Kreuzkümmelsamen

3 trockene rote Chilis

100 g frische Kokosnuss, gerieben

3 große Zwiebeln, fein gehackt

2,5 cm Ingwerwurzel

5 EL raffiniertes Pflanzenöl

500 g Auberginen, gehackt

8 Curryblätter

½ TL Kurkuma

½ TL Chilipulver

3 grüne Chilis, längs geschlitzt

8 Curryblätter

1½ TL Tamarindenpaste

250ml/8fl oz Wasser

Salz nach Geschmack

Methode

- Koriandersamen, Mohn, Sesam, Kreuzkümmel und rote Chilis 1-2 Minuten trocken rösten. Beiseite legen.
- Die Kokosnuss, 1 Zwiebel und den Ingwer zu einer dicken Paste vermahlen. Beiseite legen.
- Die Hälfte des Öls in einem Topf erhitzen. Auberginen dazugeben. 5 Minuten bei mittlerer Hitze braten, dabei gelegentlich wenden. Abtropfen lassen und beiseite stellen.
- Restliches Öl in einem Topf erhitzen. Curryblätter und restliche Zwiebeln dazugeben. Brate sie bei mittlerer Hitze an, bis die Zwiebeln braun werden.
- Fügen Sie die Kokospaste hinzu. Eine Minute braten.
- Fügen Sie die restlichen Zutaten hinzu. Gut mischen. Bei schwacher Hitze 3-4 Minuten kochen.
- Die trocken geröstete Koriandersamen-Mohn-Mischung hinzufügen. Gut mischen. 2-3 Minuten weiterkochen.
- Die gebratenen Auberginen dazugeben. Rühren Sie die Mischung gründlich um. 3-4 Minuten kochen. Heiß servieren.

Gedämpfte Karotte Köfta

Für 4

Zutaten

2 EL raffiniertes Pflanzenöl

2 große Zwiebeln, gerieben

6 Tomaten, fein gehackt

1 EL Joghurt

1 TL Garam Masala

Für die Kofta:

2 große Karotten, gerieben

125 g Besan*

125 g Vollkornmehl

150 g geknackter Weizen

1 TL Garam Masala

½ TL Kurkuma

1 TL Chilipulver

¼ TL Zitronensäure

½ TL Natriumbicarbonat

2 TL raffiniertes Pflanzenöl

Salz nach Geschmack

Für die Paste:

3 TL Koriandersamen

1 TL Kreuzkümmelsamen

4 schwarze Pfefferkörner

3 Nelken

5cm Zimt

2 grüne Kardamomkapseln

3 TL frische Kokosnuss, gerieben

6 rote Chilis

Salz nach Geschmack

2 EL Wasser

Methode

- Alle Kofta-Zutaten mit ausreichend Wasser zu einem weichen Teig verkneten. Den Teig in walnussgroße Kugeln teilen.
- Die Kugeln in einem Dampfgarer bei mittlerer Hitze 7-8 Minuten dämpfen. Beiseite legen.
- Alle Zutaten der Paste außer dem Wasser vermischen. Die Mischung bei mittlerer Hitze 2-3 Minuten trocken rösten.
- Fügen Sie der Mischung Wasser hinzu und mahlen Sie, um eine glatte Paste zu bilden. Beiseite legen.
- Das Öl in einem Topf erhitzen. Die geriebenen Zwiebeln hinzufügen. Bei mittlerer Hitze braten, bis sie glasig werden.
- Tomaten, Joghurt, Garam Masala und die gemahlene Paste hinzufügen. Die Mischung 2-3 Minuten anbraten.
- Fügen Sie die gedämpften Kugeln hinzu. Gut mischen. Die Mischung 3-4 Minuten bei schwacher Hitze kochen und dabei in regelmäßigen Abständen umrühren. Heiß servieren.

Dhingri Shabnam

(Paneer Teigtaschen gefüllt mit Pilzen)

Für 4

Zutaten

450 g Paneer*

125 g reines Weißmehl

60ml/2fl oz Wasser

Raffiniertes Pflanzenöl plus extra zum Frittieren

¼ TL Garam Masala

Für die Füllung:

100 g Champignons

1 TL ungesalzene Butter

8 Cashewnüsse, gehackt

16 Rosinen

2 EL Khoya*

1 EL Paneer*

1 EL Korianderblätter, fein gehackt

1 grüne Chili, gehackt

Für die Soße:

2 EL raffiniertes Pflanzenöl

¼ TL Bockshornkleesamen

1 Zwiebel, fein gehackt

1 TL Knoblauchpaste

1 TL Ingwerpaste

¼ TL Kurkuma

7-8 Cashewnüsse, gemahlen

50 g Joghurt

1 große Zwiebel, zu einer Paste gemahlen

750ml/1¼ Pints Wasser

Salz nach Geschmack

Methode

- Paneer und Mehl mit 60 ml Wasser zu einem weichen Teig verkneten. Den Teig in 8 Kugeln teilen. In Scheiben plattdrücken. Beiseite legen.
- Für die Füllung die Champignons in Scheiben schneiden.
- Die Butter in einer Pfanne erhitzen. Die in Scheiben geschnittenen Champignons hinzufügen. Braten Sie sie bei mittlerer Hitze eine Minute lang an.
- Vom Herd nehmen und mit den restlichen Zutaten für die Füllung mischen.
- Teilen Sie diese Mischung in 8 gleiche Portionen.
- Auf jede Paneer-Mehlscheibe eine Füllportion legen. In Beutel verschließen und zu Kugeln glätten, um die Koftas zu machen.

- Öl zum Frittieren in einer Pfanne erhitzen. Fügen Sie die Koftas hinzu. Frittieren Sie sie bei mittlerer Hitze, bis sie goldbraun werden. Abtropfen lassen und beiseite stellen.
- Für die Sauce 2 EL Öl in einem Topf erhitzen. Die Bockshornkleesamen hinzufügen. Lassen Sie sie 15 Sekunden lang stottern.
- Fügen Sie die Zwiebel hinzu. Bei mittlerer Hitze glasig dünsten.
- Fügen Sie die restlichen Saucenzutaten hinzu. Gut mischen. 8-10 Minuten köcheln lassen.
- Vom Herd nehmen und die Sauce durch ein Suppensieb in einen separaten Topf abseihen.
- Fügen Sie die Koftas vorsichtig zur passierten Sauce hinzu.
- Diese Mischung 5 Minuten köcheln lassen, dabei vorsichtig umrühren.
- Streuen Sie das Garam Masala über den Dhingri Shabnam. Heiß servieren.

Pilz Xacutti

(Scharfer Pilz in Goan Curry)

Für 4

Zutaten

4 EL raffiniertes Pflanzenöl

3 rote Chilis

2 große Zwiebeln, fein gehackt

1 Kokosnuss, gerieben

2 TL Koriandersamen

4 schwarze Pfefferkörner

½ TL Kurkuma

1 TL Mohn

2,5 cm Zimt

2 Nelken

2 grüne Kardamomkapseln

½ TL Kreuzkümmelsamen

½ TL Fenchelsamen

5 Knoblauchzehen, zerdrückt

Salz nach Geschmack

2 Tomaten, fein gehackt

1 TL Tamarindenpaste

500 g Champignons, gehackt

1 EL Korianderblätter, fein gehackt

Methode

- 3 EL Öl in einem Topf erhitzen. Fügen Sie die roten Chilis hinzu. Brate sie bei mittlerer Hitze 20 Sekunden lang an.
- Fügen Sie die Zwiebeln und die Kokosnuss hinzu. Frittieren Sie die Mischung, bis sie braun wird. Beiseite legen.
- Einen Topf erhitzen. Koriandersamen, Pfefferkörner, Kurkuma, Mohn, Zimt, Nelken, Kardamom, Kreuzkümmel und Fenchelsamen hinzufügen. Die Mischung 1-2 Minuten trocken rösten, dabei ständig rühren.
- Fügen Sie den Knoblauch und das Salz hinzu. Gut mischen. Eine weitere Minute trocken rösten. Vom Herd nehmen und zu einer glatten Masse mahlen.
- Restliches Öl erhitzen. Tomaten und Tamarindenpaste hinzufügen. Diese Mischung bei mittlerer Hitze eine Minute braten.
- Fügen Sie die Pilze hinzu. 2-3 Minuten anbraten.
- Die Koriandersamen-Pfefferkörner-Mischung und die Zwiebel-Kokos-Mischung hinzufügen. Gut mischen. Bei schwacher Hitze 3-4 Minuten braten.
- Die Pilz-Xacutti mit den Korianderblättern garnieren. Heiß servieren.

Paneer & Mais-Curry

Für 4

Zutaten

3 Nelken

2,5 cm Zimt

3 schwarze Pfefferkörner

1 EL gebrochene Cashewnüsse

1 EL Mohn

3 EL warme Milch

2 EL raffiniertes Pflanzenöl

1 große Zwiebel, gerieben

2 Lorbeerblätter

½ TL Ingwerpaste

½ TL Knoblauchpaste

1 TL rotes Chilipulver

4 Tomaten, püriert

125 g Joghurt, verquirlt

2 EL Einzelrahm

1 TL Zucker

½ TL Garam Masala

250g/9oz Paneer*, gehackt

200 g Maiskörner, gekocht

Salz nach Geschmack

2 EL Korianderblätter

Methode
- Nelken, Zimt und Pfefferkörner zu einem feinen Pulver vermahlen. Beiseite legen.
- Cashewkerne und Mohn in der warmen Milch 30 Minuten einweichen. Beiseite legen.
- Das Öl in einem Topf erhitzen. Zwiebel und Lorbeerblätter dazugeben. Brate sie bei mittlerer Hitze eine Minute lang an.
- Das gemahlene Nelken-Zimt-Pfefferkorn-Pulver und die Cashewnuss-Mohn-Milch-Mischung hinzufügen.
- Fügen Sie die Ingwerpaste, die Knoblauchpaste und das rote Chilipulver hinzu. Gut mischen. Eine Minute braten.
- Fügen Sie die Tomaten hinzu. Die Mischung bei schwacher Hitze 2-3 Minuten unter Rühren braten.
- Joghurt, Sahne, Zucker, Garam Masala, Paneer, Maiskörner und Salz hinzufügen. Rühren Sie die Mischung gründlich um. Bei schwacher Hitze 7-8 Minuten kochen lassen, dabei in regelmäßigen Abständen umrühren.
- Das Curry mit den Korianderblättern garnieren. Heiß servieren.

Basant Bahar

(Würzige grüne Tomaten in Sauce)

Für 4

Zutaten

- 500 g grüne Tomaten
- 1 TL raffiniertes Pflanzenöl
- Prise Asafoetida
- 3 kleine Zwiebeln, fein gehackt
- 10 Knoblauchzehen, zerdrückt
- 250g Besan*
- 1 TL Fenchelsamen
- 1 TL gemahlener Koriander
- ¼ TL Kurkuma
- ¼ TL Garam Masala
- ½ TL Chilipulver
- 1 TL Zitronensaft
- Salz nach Geschmack

Für die Soße:

3 Zwiebeln, geröstet

2 Tomaten, geröstet

1cm Ingwerwurzel

2 grüne Chilis

1 TL Joghurt

1 TL Einzelrahm

Prise Asafoetida

1 TL Kreuzkümmelsamen

2 Lorbeerblätter

Salz nach Geschmack

2 TL raffiniertes Pflanzenöl

150 g weicher Ziegenkäse, zerbröckelt

1 EL Korianderblätter, fein gehackt

Methode

- Mit einem Messer die obere Hälfte einer Tomate kreuzen und einschneiden, die untere Hälfte intakt lassen. Wiederholen Sie dies für alle Tomaten. Beiseite legen.
- Das Öl in einem Topf erhitzen. Fügen Sie die Asafoetida hinzu. Lassen Sie es 10 Sekunden lang stottern.
- Zwiebeln und Knoblauch dazugeben. Brate sie bei mittlerer Hitze an, bis die Zwiebeln glasig werden.
- Besan, Fenchelsamen, gemahlenen Koriander, Kurkuma, Garam Masala und Chilipulver hinzufügen. 1-2 Minuten weiterbraten.

- Zitronensaft und Salz hinzufügen. Gut mischen. Vom Herd nehmen und diese Mischung in die geschnittenen Tomaten füllen. Die gefüllten Tomaten beiseite stellen.
- Alle Saucenzutaten mit Ausnahme des Öls, des Ziegenkäses und der Korianderblätter zu einer glatten Paste vermahlen. Beiseite legen.
- 1 TL Öl erhitzen. Ziegenkäse dazugeben. Bei mittlerer Hitze braten, bis es goldbraun wird. Beiseite legen.
- Restliches Öl in einem anderen Topf erhitzen. Fügen Sie die gemahlene Saucenpaste hinzu. Die Mischung 4-5 Minuten bei mittlerer Hitze kochen und dabei in regelmäßigen Abständen umrühren.
- Die gefüllten Tomaten dazugeben. Gut mischen. Decken Sie den Topf mit einem Deckel ab und kochen Sie die Mischung bei mittlerer Hitze 4-5 Minuten lang.
- Die Korianderblätter und den gebratenen Ziegenkäse auf das Basant Bahar streuen. Heiß servieren.

Palak Köfta

(Spinatknödel in Soße)

Für 4

Zutaten

Für die Kofta:

300 g Spinat, fein gehackt

1cm Ingwerwurzel

1 grüne Chili

1 Knoblauchzehe

Salz nach Geschmack

½ TL Garam Masala

30 g Ziegenkäse, abgetropft

2 EL Besan*, geröstet

4 EL raffiniertes Pflanzenöl plus extra zum Frittieren

Für die Soße:

½ TL Kreuzkümmelsamen

2,5 cm Ingwerwurzel

2 Knoblauchzehen

¼ TL Koriandersamen

2 kleine Zwiebeln, gemahlen

Prise Chilipulver

¼ TL Kurkuma

½ Tomate, püriert

Salz nach Geschmack

120ml/4fl oz Wasser

2 EL Einzelrahm

1 EL fein gehackte Korianderblätter

Methode

- Um die Koftas zuzubereiten, mischen Sie Spinat, Ingwer, grüne Chili, Knoblauch und Salz in einem Topf. Kochen Sie diese Mischung bei mittlerer Hitze für 15 Minuten. Abgießen und zu einer glatten Paste mahlen.
- Diese Paste mit allen restlichen Köfta-Zutaten außer dem Öl zu einem festen Teig verkneten. Diesen Teig in walnussgroße Kugeln teilen.
- Öl zum Frittieren in einem Topf erhitzen. Fügen Sie die Kugeln hinzu. Frittieren Sie sie bei mittlerer Hitze, bis sie goldbraun werden. Abtropfen lassen und beiseite stellen.
- Für die Sauce die Kreuzkümmel-, Ingwer-, Knoblauch- und Koriandersamen mahlen. Beiseite legen.
- 4 EL Öl in einem Topf erhitzen. Fügen Sie die gemahlenen Zwiebeln hinzu. Bei schwacher Hitze braun braten. Fügen Sie die Kreuzkümmel-Ingwer-Paste hinzu. Eine weitere Minute braten.

- Chilipulver, Kurkuma und Tomatenmark dazugeben. Gut mischen. 2-3 Minuten weiterbraten.
- Fügen Sie Salz und Wasser hinzu. Gut mischen. Mit einem Deckel abdecken und 5-6 Minuten köcheln lassen, dabei regelmäßig umrühren.
- Decken Sie die Koftas auf und fügen Sie sie hinzu. Weitere 5 Minuten köcheln lassen.
- Mit Sahne und Korianderblättern garnieren. Heiß servieren.

Kohl Kofta

(Kohlknödel in Soße)

Für 4

Zutaten

Für die Kofta:

100 g Kohl, gerieben

4 große Kartoffeln, gekocht

1 TL Kreuzkümmelsamen

1 TL Ingwerpaste

2 grüne Chilis, fein gehackt

1 TL Zitronensaft

Salz nach Geschmack

Raffiniertes Pflanzenöl zum Frittieren

Für die Soße:

1 EL Butter

3 kleine Zwiebeln, fein gehackt

4 Knoblauchzehen

4-6 Tomaten, fein gehackt

¼ TL Kurkuma

1 TL Chilipulver

1 TL Zucker

250ml/8fl oz Wasser

Salz nach Geschmack

1 EL Korianderblätter, fein gehackt

Methode

- Alle Kofta-Zutaten mit Ausnahme des Öls zu einem weichen Teig verkneten. Den Teig in walnussgroße Kugeln teilen.
- Das Öl in einem Topf erhitzen. Die Kugeln bei mittlerer Hitze goldbraun frittieren. Abgießen und beiseite stellen.
- Zur Zubereitung der Sauce die Butter in einem Topf erhitzen. Zwiebeln und Knoblauch dazugeben. Frittieren Sie sie bei mittlerer Hitze, bis sie goldbraun werden.
- Tomaten, Kurkuma und Chilipulver dazugeben. Die Mischung 4-5 Minuten unter Rühren braten.
- Zucker, Wasser und Salz hinzufügen. Gut mischen. Mit einem Deckel abdecken und 6-7 Minuten köcheln lassen.
- Fügen Sie die frittierten Köftabällchen hinzu. 5-6 Minuten köcheln lassen.
- Die Kohlkofta mit den Korianderblättern garnieren. Heiß servieren.

Koottu

(Unreifes Bananencurry)

Für 4

Zutaten

2 EL frische Kokosnuss, gerieben

½ TL Kreuzkümmelsamen

2 grüne Chilis

1 EL Langkornreis, 15 Minuten eingeweicht

500ml/16fl oz Wasser

200g unreife Banane, geschält und gewürfelt

Salz nach Geschmack

2 TL Kokosöl

½ TL Senfkörner

½ TL Urad Dhal*

Prise Asafoetida

8-10 Curryblätter

Methode

- Kokosnuss, Kreuzkümmel, grüne Chilis und Reis mit 4 EL Wasser zu einer glatten Paste vermahlen. Beiseite legen.
- Die Banane mit dem restlichen Wasser und Salz mischen. Diese Mischung in einem Topf bei mittlerer Hitze 10-12 Minuten kochen.
- Fügen Sie die Kokos-Kreuzkümmel-Paste hinzu. 2-3 Minuten kochen. Beiseite legen.
- Das Öl in einem Topf erhitzen. Senfkörner, Urad Dhal, Asafoetida und Curryblätter hinzufügen. Lassen Sie sie 30 Sekunden lang stottern.
- Diese Mischung in das Bananencurry geben. Gut mischen. Heiß servieren.

HINWEIS: *Du kannst die unreife Banane auch durch weißen Eschenkürbis oder Schlangenkürbis ersetzen.*

Paneer Butter Masala

Für 4

Zutaten

Raffiniertes Pflanzenöl zum Braten

500g/1lb 2oz Paneer*, gehackt

1 große Karotte, fein gehackt

100 g französische Bohnen, fein gehackt

200 g gefrorene Erbsen

3 grüne Chilis, gemahlen

Salz nach Geschmack

1 EL Korianderblätter, fein gehackt

Für die Soße:

2,5 cm Ingwerwurzel

4 Knoblauchzehen

4 grüne Chilis

1 TL Kreuzkümmelsamen

3 EL Butter

2 kleine Zwiebeln, gerieben

4 Tomaten, püriert

1 TL Maisstärke

300 g Joghurt

2 TL Zucker

½ TL Garam Masala

250ml/8fl oz Wasser

Salz nach Geschmack

Methode

- Das Öl in einem Topf erhitzen. Fügen Sie die Paneer-Stücke hinzu. Frittieren Sie sie bei mittlerer Hitze, bis sie goldbraun werden. Abtropfen lassen und beiseite stellen.
- Möhren, Bohnen und Erbsen mischen. Diese Mischung in einem Dampfgarer bei mittlerer Hitze 8-10 Minuten dämpfen.
- Fügen Sie die grünen Chilis und das Salz hinzu. Gut mischen. Beiseite legen.
- Um die Sauce zuzubereiten, mahlen Sie Ingwer, Knoblauch, grüne Chilis und Kreuzkümmel zu einer glatten Paste.
- Die Butter in einem Topf erhitzen. Fügen Sie die Zwiebeln hinzu. Frittieren Sie sie bei mittlerer Hitze, bis sie glasig werden.
- Fügen Sie die Ingwer-Knoblauch-Paste und die Tomaten hinzu. Eine weitere Minute braten.
- Maisstärke, Joghurt, Zucker, Garam Masala, Wasser und Salz hinzufügen. Rühren Sie die Mischung 4-5 Minuten lang.
- Fügen Sie die gedünstete Gemüsemischung und den gebratenen Paneer hinzu. Gut mischen. Mit einem

Deckel abdecken und die Mischung bei schwacher Hitze 2-3 Minuten kochen.
- Die Paneer Butter Masala mit den Korianderblättern garnieren. Heiß servieren.

Mor Kolambu

(Gemüse nach südindischer Art)

Für 4

Zutaten

2 TL Kokosöl

2 mittelgroße Auberginen, gewürfelt

2 indische Trommelstöcke*, gehackt

100 g Kürbis*, gewürfelt

100 g Okra

Salz nach Geschmack

200g Joghurt

250ml/8fl oz Wasser

10 Curryblätter

Für die Gewürzmischung:

2 EL Mung-Dhal*, 10 Minuten eingeweicht

1 EL Koriandersamen

½ TL Kreuzkümmelsamen

4-5 Bockshornkleesamen

½ TL Senfkörner

½ TL Basmatireis

2 TL frische Kokosnuss, gerieben

Methode

- Alle Zutaten der Gewürzmischung miteinander vermischen. Beiseite legen.
- Das Kokosöl in einem Topf erhitzen. Auberginen, Trommelstöcke, Kürbis, Okra und Salz hinzufügen. Diese Mischung bei mittlerer Hitze 4-5 Minuten braten.
- Die Gewürzmischung hinzufügen. 4-5 Minuten braten.
- Joghurt und Wasser dazugeben. Gut mischen. Mit einem Deckel abdecken und 7-8 Minuten köcheln lassen.
- Den Mor kolambu mit den Curryblättern garnieren. Heiß servieren.

Aloo Gobhi aur Methi ka Tuk

(Sindhi-Art-Kartoffel, Blumenkohl und Bockshornklee)

Für 4

Zutaten

500ml/16fl oz Wasser

Salz nach Geschmack

4 große ungeschälte Kartoffeln, in 5 cm große Stücke geschnitten

20g/¾oz frische Bockshornkleeblätter

3 EL raffiniertes Pflanzenöl

1 EL Senfkörner

2-4 Curryblätter

1 EL Ingwerpaste

1 TL Knoblauchpaste

800g Blumenkohlröschen

1 TL Chilipulver

1 TL Amchor*

½ TL gemahlener Kreuzkümmel

½ TL grob gemahlener schwarzer Pfeffer

Große Prise getrocknete Bockshornkleeblätter

2 EL frische Granatapfelkerne

Methode

- Wasser in einen Topf geben, salzen und aufkochen.
- Fügen Sie die Kartoffeln hinzu und kochen Sie sie, bis sie weich werden. Kartoffeln abgießen und beiseite stellen.
- Reiben Sie die frischen Bockshornkleeblätter mit Salz ein, um ihre Bitterkeit zu reduzieren. Die Blätter waschen und abtropfen lassen. Beiseite legen.
- Das Öl in einem Topf erhitzen. Senfkörner und Curryblätter dazugeben. Lassen Sie sie 15 Sekunden lang stottern.
- Fügen Sie die Ingwerpaste und die Knoblauchpaste hinzu. Die Mischung bei mittlerer Hitze eine Minute braten.
- Blumenkohlröschen, Chilipulver, Amchoor, gemahlenen Kreuzkümmel, Pfeffer und die getrockneten Bockshornkleeblätter hinzufügen. 3-4 Minuten weiterbraten.
- Die Kartoffeln und die frischen Bockshornkleeblätter dazugeben. Die Mischung bei schwacher Hitze 7-8 Minuten unter Rühren braten.
- Mit den Granatapfelkernen garnieren. Heiß servieren.

Avial

(Südindisches gemischtes Gemüse)

Für 4

Zutaten

400 g Naturjoghurt

1 TL Kreuzkümmelsamen

100 g frische Kokosnuss, gerieben

Salz nach Geschmack

4 TL Korianderblätter, fein gehackt

750ml/1¼ Pints Wasser

100 g Kürbis*, gehackt

200 g gemischtes Tiefkühlgemüse

¼ TL Kurkuma

4 grüne Chilis, längs geschlitzt

120ml/4fl oz raffiniertes Pflanzenöl

¼ TL Senfkörner

10 Curryblätter

Prise Asafoetida

2 getrocknete rote Chilis

Methode

- Joghurt mit Kreuzkümmel, Kokos, Salz, Korianderblättern und 250 ml Wasser verquirlen. Beiseite legen.
- Kürbis und gemischtes Gemüse mit Salz, 500 ml Wasser und Kurkuma in einem tiefen Topf mischen. Diese Mischung bei mittlerer Hitze 10-15 Minuten kochen. Beiseite legen.
- Die Joghurtmischung und die grünen Chilis dazugeben und unter häufigem Rühren 10 Minuten köcheln lassen. Beiseite legen.
- Das Öl in einem Topf erhitzen. Fügen Sie die restlichen Zutaten hinzu. Lassen Sie sie 30 Sekunden lang stottern.
- Gießen Sie dies in die Gemüsemischung. Gut mischen. 1-2 Minuten köcheln lassen.
- Heiß servieren.

Buttermilch-Curry

Für 4

Zutaten

400 g Joghurt

250ml/8fl oz Wasser

3 TL Besan*

2 grüne Chilis, längs geschlitzt

10 Curryblätter

Salz nach Geschmack

1 EL Ghee

½ TL Kreuzkümmelsamen

6 Knoblauchzehen, zerdrückt

2 Nelken

2 rote Chilis

Prise Asafoetida

½ TL Kurkuma

1 TL Chilipulver

2 EL Korianderblätter, fein gehackt

Methode

- Joghurt, Wasser und Besan in einem Topf gründlich vermischen. Achten Sie darauf, dass sich keine Klumpen bilden.
- Fügen Sie die grünen Chilis, Curryblätter und Salz hinzu. Diese Mischung bei schwacher Hitze 5-6 Minuten kochen lassen, dabei gelegentlich umrühren. Beiseite legen.
- Das Ghee in einem Topf erhitzen. Kreuzkümmel und Knoblauch dazugeben. Brate sie bei mittlerer Hitze eine Minute lang an.
- Nelken, rote Chilis, Asafoetida, Kurkuma und Chilipulver hinzufügen. Gut mischen. Diese Mischung 1 Minute braten.
- Gießen Sie dies in das Joghurt-Curry. 4-5 Minuten köcheln lassen.
- Das Curry mit den Korianderblättern garnieren. Heiß servieren.

Blumenkohl-Creme-Curry

Für 4

Zutaten

1 TL Kreuzkümmelsamen

3 grüne Chilis, längs geschlitzt

1cm Ingwerwurzel, gerieben

150 g Ghee

500 g Blumenkohlröschen

3 große Kartoffeln, gewürfelt

2 Tomaten, fein gehackt

125 g gefrorene Erbsen

2 TL Zucker

750ml/1¼ Pints Wasser

Salz nach Geschmack

250ml/8fl oz Einzelcreme

1 TL Garam Masala

25g Korianderblätter, fein gehackt

Methode

- Kreuzkümmel, grüne Chilis und Ingwer zu einer Paste zermahlen. Beiseite legen.
- Das Ghee in einem Topf erhitzen. Blumenkohl und Kartoffeln dazugeben. Frittieren Sie sie bei mittlerer Hitze, bis sie goldbraun werden.
- Kreuzkümmel-Chili-Paste hinzufügen. 2-3 Minuten braten.
- Tomaten und Erbsen hinzufügen. Gut mischen. Diese Mischung 3-4 Minuten braten.
- Zucker, Wasser, Salz und Sahne hinzufügen. Gründlich rühren. Mit einem Deckel abdecken und 10-12 Minuten köcheln lassen.
- Das Garam Masala und die Korianderblätter über das Curry streuen. Heiß servieren.

Erbsen

(Erbsen Masala)

Für 3

Zutaten

1 EL raffiniertes Pflanzenöl

¼ TL Senfkörner

¼ TL Kreuzkümmelsamen

¼ TL Chilipulver

¼ TL Garam Masala

2 grüne Chilis, längs geschlitzt

500g/1lb 2oz frische Erbsen

2 EL Wasser

Salz nach Geschmack

1 EL frische Kokosnuss, gerieben

10 g Korianderblätter, fein gehackt

Methode

- Das Öl in einem Topf erhitzen. Senfkörner und Kreuzkümmel zugeben. Lassen Sie sie 15 Sekunden lang stottern.
- Chilipulver, Garam Masala und grüne Chilis hinzufügen. Die Mischung bei mittlerer Hitze eine Minute braten.
- Erbsen, Wasser und Salz hinzufügen. Gut mischen. Die Mischung bei schwacher Hitze 7-8 Minuten kochen.
- Mit Kokos- und Korianderblättern garnieren. Heiß servieren.

Aloo Posto

(Kartoffel mit Mohn)

Für 4

Zutaten

2 EL Senföl

1 TL Kreuzkümmelsamen

4 EL Mohn, gemahlen

4 grüne Chilis, gehackt

½ TL Kurkuma

Salz nach Geschmack

6 Kartoffeln, gekocht und gewürfelt

2 EL Korianderblätter, fein gehackt

Methode

- Das Öl in einem Topf erhitzen. Kreuzkümmelsamen hinzufügen. Lassen Sie sie 15 Sekunden lang stottern.
- Gemahlenen Mohn, grüne Chilis, Kurkuma und Salz hinzufügen. Die Mischung einige Sekunden anbraten.
- Fügen Sie die Kartoffeln hinzu. Gut werfen. Die Mischung 3-4 Minuten braten.
- Mit den Korianderblättern garnieren. Heiß servieren.

Grüne Kotze

(Paneer in Spinatsauce)

Für 4

Zutaten

1 EL raffiniertes Pflanzenöl

50 g Paneer*, gewürfelt

1 TL Kreuzkümmelsamen

1 grüne Chilischote, längs geschlitzt

1 kleine Zwiebel, fein gehackt

200 g Spinat, gedünstet und gemahlen

1 TL Zitronensaft

Zucker nach Belieben

Salz nach Geschmack

Methode

- Das Öl in einem Topf erhitzen. Paneer dazugeben und goldbraun braten. Abgießen und beiseite stellen.
- Fügen Sie dem gleichen Öl die Kreuzkümmelsamen, die grüne Chili und die Zwiebel hinzu. Brate sie bei mittlerer Hitze an, bis die Zwiebel braun wird.
- Fügen Sie die restlichen Zutaten hinzu. Rühren Sie die Mischung gründlich um. 5 Minuten kochen.
- Lassen Sie diese Mischung eine Weile abkühlen. In einer Küchenmaschine zu einer groben Paste zermahlen.
- In einen Topf geben und die gebratenen Paneer-Stücke hinzufügen. Leicht umrühren. Bei schwacher Hitze 3-4 Minuten kochen. Heiß servieren.

Matar Paneer

(Erbsen und Paneer)

Für 4

Zutaten

1½ EL Ghee

250g/9oz Paneer*, gehackt

2 Lorbeerblätter

½ TL Chilipulver

¼ TL Kurkuma

1 TL gemahlener Koriander

½ TL gemahlener Kreuzkümmel

400 g gekochte Erbsen

2 große Tomaten, blanchiert

5 Cashewnüsse, zu einer Paste gemahlen

2 EL griechischer Joghurt

Salz nach Geschmack

Methode

- Die Hälfte des Ghees in einem Topf erhitzen. Die Paneer-Stücke dazugeben und bei mittlerer Hitze goldbraun braten. Beiseite legen.
- Restliches Ghee in einem Topf erhitzen. Lorbeerblätter, Chilipulver, Kurkuma, Koriander und Kreuzkümmel hinzufügen. Lassen Sie sie 30 Sekunden lang stottern.
- Erbsen und Tomaten dazugeben. 2-3 Minuten braten.
- Cashewnusspaste, Joghurt, Salz und die frittierten Paneer-Stücke hinzufügen. Gut mischen. Die Mischung 10 Minuten köcheln lassen, dabei gelegentlich umrühren. Heiß servieren.

Dahi Karela

(Gebratener bitterer Kürbis in Joghurt)

Für 4

Zutaten

250g bitterer Kürbis*, geschält und längs geschlitzt

Salz nach Geschmack

1 TL Amchor*

2 EL raffiniertes Pflanzenöl plus extra zum Frittieren

2 große Zwiebeln, fein gehackt

½ TL Knoblauchpaste

½ TL Ingwerpaste

400 g Joghurt

1½ TL gemahlener Koriander

1 TL Chilipulver

½ TL Kurkuma

½ TL Garam Masala

250ml/8fl oz Wasser

Methode

- Marinieren Sie den bitteren Kürbis mit dem Salz und amchoor für eine Stunde. Öl zum Frittieren in einem Topf erhitzen. Fügen Sie den Kürbis hinzu. Bei mittlerer Hitze goldbraun frittieren. Abgießen und beiseite stellen.
- 2 EL Öl in einem Topf erhitzen. Zwiebeln, Knoblauchpaste und Ingwerpaste hinzufügen. Bei mittlerer Hitze braten, bis die Zwiebeln braun sind.
- Fügen Sie die restlichen Zutaten und den bitteren Kürbis hinzu. Gut mischen. Die Mischung bei schwacher Hitze 7-8 Minuten kochen. Heiß servieren.

Tomatencurry mit Gemüse

Für 4

Zutaten

3 EL raffiniertes Pflanzenöl

Prise Senfkörner

Prise Kreuzkümmel

Prise Asafoetida

8 Curryblätter

4 grüne Chilis, fein gehackt

200 g gemischtes Tiefkühlgemüse

750 g Tomaten, püriert

4 EL Besan*

Salz nach Geschmack

Methode

- Das Öl in einem Topf erhitzen. Senfkörner, Kreuzkümmel, Asafoetida, Curryblätter und Chilis hinzufügen. Lassen Sie sie 15 Sekunden lang stottern.
- Gemüse, Tomatenmark, Besan und Salz hinzufügen. Gut mischen. Bei schwacher Hitze 8-10 Minuten kochen lassen, dabei gelegentlich umrühren. Heiß servieren.

Doodhi mit Chana Dhal

(Flaschenkürbis in Gram Dhal)

Für 4

Zutaten

1 TL raffiniertes Pflanzenöl

¼ TL Senfkörner

500g/1lb 2oz Flaschenkürbis*, gewürfelt

1 EL Chana-Dhal*, 1 Stunde eingeweicht und abgetropft

2 Tomaten, fein gehackt

Prise Kurkuma

2 TL Jaggery*, gerieben

½ TL Chilipulver

Salz nach Geschmack

120ml/4fl oz Wasser

10 g Korianderblätter, fein gehackt

Methode

- Das Öl in einem Topf erhitzen. Fügen Sie die Senfkörner hinzu. Lassen Sie sie 15 Sekunden lang stottern.
- Fügen Sie die restlichen Zutaten hinzu, außer dem Wasser und den Korianderblättern. Gut mischen. 4-5 Minuten braten. Fügen Sie das Wasser hinzu. 30 Minuten köcheln lassen.
- Mit den Korianderblättern garnieren. Heiß servieren.

Tomaten-Chi Bhaji*

(Tomaten-Curry)

Für 4

Zutaten

250g geröstete Erdnüsse

3 grüne Chilis

6 große Tomaten, blanchiert und in Scheiben geschnitten

1½ EL Tamarindenpaste

1 EL Jaggery*, gerieben

1 TL Garam Masala

1 TL gemahlener Kreuzkümmel

½ TL Chilipulver

Salz nach Geschmack

1 EL Korianderblätter, fein gehackt

Methode

- Mahlen Sie die Erdnüsse und die grünen Chilis zu einer glatten Paste.
- Mit den restlichen Zutaten mischen, außer den Korianderblättern. Diese Mischung in einem Topf bei mittlerer Hitze 5-6 Minuten kochen.

- Den Bhaji mit den Korianderblättern garnieren. Heiß servieren.

Trockene Kartoffeln

Für 4

Zutaten

1 EL raffiniertes Pflanzenöl

½ TL Senfkörner

3 grüne Chilis, längs geschlitzt

8-10 Curryblätter

¼ TL Asafoetida

¼ TL Kurkuma

Salz nach Geschmack

500 g Kartoffeln, gekocht und gewürfelt

10 g Korianderblätter, fein gehackt

Methode

- Das Öl in einem Topf erhitzen. Fügen Sie die Senfkörner hinzu. Lassen Sie sie 15 Sekunden lang stottern.
- Fügen Sie die grünen Chilis, Curryblätter, Asafoetida, Kurkuma und Salz hinzu. Diese Mischung bei mittlerer Hitze eine Minute braten.
- Fügen Sie die Kartoffeln hinzu. Gut werfen. Mit einem Deckel abdecken und 5 Minuten kochen lassen.
- Die Kartoffelmasse mit den Korianderblättern garnieren. Heiß servieren.

Gefüllte Okra

Für 4

Zutaten

1 EL gemahlener Koriander

6 Knoblauchzehen

50 g frische Kokosnuss, fein gerieben

1cm Ingwerwurzel

4 grüne Chilis

6 EL Besan*

1 große Zwiebel, fein gehackt

1 TL gemahlener Kreuzkümmel

½ TL Chilipulver

½ TL Kurkuma

Salz nach Geschmack

750g/1lb 10oz große Okraschoten, halb geschlitzt

60ml/2fl oz raffiniertes Pflanzenöl

Methode

- Koriander, Knoblauch, Kokos, Ingwer und grüne Chilis zu einer glatten Paste mahlen. Mischen Sie diese Paste mit den restlichen Zutaten, außer der Okra und dem Öl.
- Diese Mischung in die Okras füllen.
- Öl in einer Pfanne erhitzen. Fügen Sie die gefüllte Okra hinzu. Bei mittlerer Hitze braun braten, dabei gelegentlich wenden. Heiß servieren.

Masala Okra

Für 4

Zutaten

2 EL raffiniertes Pflanzenöl

2 Knoblauchzehen, fein gehackt

½ TL Chilipulver

¼ TL Kurkuma

½ TL gemahlener Koriander

½ TL gemahlener Kreuzkümmel

600 g Okraschote, gehackt

Salz nach Geschmack

Methode

- Das Öl in einem Topf erhitzen. Fügen Sie den Knoblauch hinzu. Bei mittlerer Hitze braun braten. Fügen Sie die restlichen Zutaten hinzu, außer Okra und Salz. Gut mischen. Diese Mischung 1-2 Minuten braten.
- Okraschote und Salz hinzufügen. Die Mischung bei schwacher Hitze 3-4 Minuten unter Rühren braten. Heiß servieren.

Simla Matar

(Grüner Pfeffer und Erbsen-Curry)

Für 4

Zutaten

2 EL raffiniertes Pflanzenöl

3 kleine Zwiebeln, fein gehackt

2 grüne Chilis, fein gehackt

1 TL Ingwerpaste

1 TL Knoblauchpaste

2 große grüne Paprika, gewürfelt

600 g gefrorene Erbsen

250ml/8fl oz Wasser

Salz nach Geschmack

1 EL frische Kokosnuss, gerieben

½ TL gemahlener Zimt

Methode

- Das Öl in einem Topf erhitzen. Fügen Sie die Zwiebeln hinzu. Frittieren Sie sie bei mittlerer Hitze, bis sie braun werden.
- Fügen Sie die grünen Chilis, die Ingwerpaste und die Knoblauchpaste hinzu. 1-2 Minuten braten.
- Paprika und Erbsen hinzufügen. 5 Minuten weiterbraten.
- Wasser und Salz hinzufügen. Gut mischen. Mit einem Deckel abdecken und 8-10 Minuten köcheln lassen.
- Mit Kokos und Zimt garnieren. Heiß servieren.

Französische Bohnen

Für 4

Zutaten

3 EL raffiniertes Pflanzenöl

¼ TL Kreuzkümmelsamen

¼ TL Kurkuma

½ TL Chilipulver

1 TL gemahlener Koriander

1 TL gemahlener Kreuzkümmel

1 TL Zucker

Salz nach Geschmack

500 g französische Bohnen, fein gehackt

120ml/4fl oz Wasser

Methode

- Das Öl in einem Topf erhitzen. Kreuzkümmel und Kurkuma hinzufügen. Lassen Sie sie 15 Sekunden lang stottern.
- Fügen Sie die restlichen Zutaten hinzu, außer dem Wasser. Gut mischen.
- Fügen Sie das Wasser hinzu. Mit einem Deckel abdecken. 10-12 Minuten köcheln lassen. Heiß servieren.

Masala Trommelstöcke

Für 4

Zutaten

2 EL raffiniertes Pflanzenöl

2 kleine Zwiebeln, fein gehackt

½ TL Ingwerpaste

1 Tomate, fein gehackt

1 grüne Chili, fein gehackt

1 TL gemahlener Kreuzkümmel

1 TL gemahlener Koriander

½ TL Kurkuma

¾ TL Chilipulver

4 indische Trommelstöcke*, in 5 cm große Stücke geschnitten

Salz nach Geschmack

250ml/8fl oz Wasser

1 EL Korianderblätter, fein gehackt

Methode

- Das Öl in einem Topf erhitzen. Fügen Sie die Zwiebeln und die Ingwerpaste hinzu. Brate sie bei mittlerer Hitze an, bis die Zwiebeln glasig werden.
- Fügen Sie die restlichen Zutaten hinzu, außer dem Wasser und den Korianderblättern. Gut mischen. 5 Minuten braten. Fügen Sie das Wasser hinzu. Gründlich rühren. Mit einem Deckel abdecken. 10-15 Minuten köcheln lassen.
- Die Masala Drumsticks mit den Korianderblättern garnieren. Heiß servieren.

Trockene würzige Kartoffel

Für 4

Zutaten

750 g Kartoffeln, gekocht und gewürfelt

½ TL Chaat-Masala*

½ TL Chilipulver

¼ TL Kurkuma

3 EL raffiniertes Pflanzenöl

1 TL weißer Sesam

2 trockene rote Chilis, geviertelt

Salz nach Geschmack

½ TL Kreuzkümmel gemahlen, trocken geröstet

10 g Korianderblätter, fein gehackt

Saft von ½ Zitrone

Methode

- Die Kartoffeln mit Chaat Masala, Chilipulver und Kurkuma vermengen, bis die Gewürze die Kartoffeln überziehen. Beiseite legen.
- Das Öl in einem Topf erhitzen. Sesam und rote Chilis hinzufügen. Lassen Sie sie 15 Sekunden lang stottern.
- Kartoffeln und Salz hinzufügen. Gut mischen. Bei schwacher Hitze 7-8 Minuten kochen. Die restlichen Zutaten darüber streuen. Heiß servieren.

Khatte Palak

(Scharfer Spinat)

Für 4

Zutaten

3 EL raffiniertes Pflanzenöl

1 große Zwiebel, gerieben

½ TL Ingwerpaste

½ TL Knoblauchpaste

400 g Spinat, fein gehackt

2 grüne Chilis, fein gehackt

½ TL Kurkuma

1 TL gemahlener Kreuzkümmel

Salz nach Geschmack

125 g Joghurt, verquirlt

Methode

- Das Öl in einem Topf erhitzen. Fügen Sie die Zwiebel-, Ingwer- und Knoblauchpaste hinzu. Diese Mischung bei mittlerer Hitze anbraten, bis die Zwiebeln glasig sind.
- Fügen Sie die restlichen Zutaten hinzu, außer dem Joghurt. Gründlich mischen. Bei schwacher Hitze 7-8 Minuten kochen.
- Fügen Sie den Joghurt hinzu. Gut mischen. 4-5 Minuten köcheln lassen. Heiß servieren.

Gemischtes Drei-in-Eins-Gemüse

Für 4

Zutaten

4 EL raffiniertes Pflanzenöl

¼ TL Senfkörner

¼ TL Bockshornkleesamen

300 g Okraschote, gewürfelt

2 grüne Paprika, entkernt und gehackt

2 Tomaten, fein gehackt

2 große Gurken, fein gehackt

½ TL Chilipulver

¼ TL Kurkuma

Salz nach Geschmack

Methode

- Das Öl in einem Topf erhitzen. Senf- und Bockshornkleesamen dazugeben. Lassen Sie sie 15 Sekunden lang stottern.
- Fügen Sie die Okra hinzu. Bei mittlerer Hitze 7 Minuten braten. Fügen Sie die restlichen Zutaten hinzu. Gut mischen. Bei schwacher Hitze 5-6 Minuten kochen. Heiß servieren.

Kartoffel in Joghurtsauce

Für 4

Zutaten

120ml/4fl oz Wasser

3 EL raffiniertes Pflanzenöl

1 TL Kreuzkümmelsamen

1 TL Senfkörner

1cm Ingwerwurzel, gerieben

2 Knoblauchzehen, zerdrückt

3 große Kartoffeln, gekocht und gehackt

200 g Joghurt, verquirlt

¼ TL Vollkornmehl

1 TL Salz

Für die Gewürzmischung:

1 TL Chilipulver

½ TL gemahlener Koriander

¼ TL Kurkuma

¼ TL Garam Masala

Prise Asafoetida

Methode

- Die Zutaten der Gewürzmischung mit der Hälfte des Wassers vermischen. Beiseite legen.
- Das Öl in einem Topf erhitzen. Kreuzkümmel und Senfkörner hinzufügen. Lassen Sie sie 15 Sekunden lang stottern. Ingwer und Knoblauch dazugeben. Brate sie bei mittlerer Hitze eine Minute lang an.
- Die Gewürzmischung und alle restlichen Zutaten dazugeben. Gründlich rühren. 10-12 Minuten köcheln lassen. Heiß servieren.